Alfred Goubran

Der *gelernte* Österreicher

Idiotikon

Alfred Goubran

Der gelernte Österreicher

Idiotikon

braumüller

Bibliografische Information der Deutschen Nationalbibliothek
Die Deutsche Nationalbibliothek verzeichnet diese Publikation in der Deutschen Nationalbibliografie; detaillierte bibliografische Daten sind im Internet über http://dnb.d-nb.de abrufbar.

Printed in Austria

2. Auflage 2013

Servitengasse 5, A-1090 Wien
www.braumueller.at

Druck: Ferdinand Berger und Söhne Ges.m.b.H., A-3580 Horn
ISBN 978-3-99100-095-2

Inhalt

I.

Dies Österreich ist eine kleine Welt,
In der die große ihre Probe hält,
Und waltet erst bei uns das Gleichgewicht,
So wird's auch in der andern wieder licht.

Friedrich Hebbel

Unverwechselbarkeit

„Ich bin Österreicher" – das ist leicht gesagt, doch was bedeutet es über die Feststellung der nationalen Zugehörigkeit hinaus und der Tatsache, daß man die österreichische Staatsbürgerschaft besitzt, einen Paß, Rechte und Pflichten hat, die sich von denen anderer Staaten unterscheiden? Bedeutet es überhaupt etwas?

Es bedeutet, daß man eine Herkunft und ein Herkommen teilt, eine Geschichte und – wer weiß? – ein Schicksal. Staaten und Nationen sind nicht vom Himmel gefallen und in der Regel nicht am Reißbrett entstanden. Gäbe es diese gewachsenen Zusammenhänge und diese Prägung nicht, könnte in der Tat jeder ein Österreicher sein. Seine Zugehörigkeit wäre reine Formsache, ein Formalakt, nicht mehr.

Hier nicht zwischen Formalakt und Prägung zu unterscheiden, führt nur zu Mißverständnissen, die fatale Auswirkungen haben können. Will man ernsthaft untersuchen, ob es so etwas wie eine „österreichische Identität" gibt, muß man sich damit auseinandersetzen, was für die österreichische Bevölkerung, was für „den Österreicher" prägend war. Und das waren nicht nur die historischen Ereignisse, sondern auch sein Umgang damit, „wie" und ob sie überhaupt verarbeitet wurden.

Obwohl: Untersuchen klingt in diesem Zusammenhang vielleicht zu akademisch. Es genügt, wissen *zu wollen: Wer* man ist, *wo* man herkommt, *wie* man geprägt wurde. Die Antworten darauf mögen uns nicht gefallen. Und man wird, gerät man nicht auf esoterische Abwege, auch feststellen, daß sich an dem, *was man (geworden) ist*, wenig ändern läßt. Doch damit, denke ich, kann man leben. Immerhin bleibt noch die Möglichkeit zu entscheiden, *wie man sein will, was man ist.*

Hier in Österreich wie überall.

*

Die Eigenart, das Eigene, die Eigenheiten – sie sind dem Menschen nicht auszutreiben. Er besteht darauf, auch wenn er meist nicht sagen kann, was dieses „Eigen-Sein" ist, und er die Eigenheiten oder Eigenart, die ihn „von den anderen" unterscheiden, nicht im Detail benennen kann. Fragt man nach, bekommt man im Regelfall Klischees zu hören oder den Offenbarungseid „So bin ich eben" (womit praktischerweise dann die Subjektivität mit Eigenart gleichgesetzt und verwechselt wird). Auch das berühmte österreichtypische und trotzige „Wir sind wir" fällt in diese Kategorie … Trotzdem: Es sind Antworten, und man begreift: Wichtiger als das Eigene oder die Eigenart ist der Glaube daran.

Denn es sind meist Glaubenssätze, durch die der Einzelne auf seine *Unverwechselbarkeit* besteht. Oder besser: Darauf, Teil von etwas Unverwechselbarem zu sein.

Warum ist uns das so wichtig? Warum können wir, trotz aller theoretischen Absichtserklärungen, sei es in der Verfassung oder in der Europäischen Menschenrechtskonvention, nicht darauf verzichten, bei jeder sich bietenden Gelegenheit auf das Besondere, das Außergewöhnliche und Einmalige hinzuweisen? – Vielleicht, weil es erst die Einmaligkeit und Unverwechselbarkeit ist, die uns das Leben kostbar macht.

Wirklich bewußt wird uns das selten und meist erst dann, wenn es zu spät ist. Dann wird der Wert eines Lebens über den Verlust erfahrbar. Dabei macht es keinen Unterschied, ob einer „sein" Leben gelebt oder alles daran gesetzt hat, „so zu sein wie alle anderen". Denn der Verlust, den wir empfinden, bezieht sich auch auf die Möglichkeit „zum Eigenen" und Unverwechselbaren, die erst durch den Tod zur Unmöglichkeit wird. Nur der Tod macht uns alle gleich. Solange wir leben, können wir das Eigene und Unverwechselbare jederzeit ins Spiel bringen. Selbst unter den widrigsten Umständen. Und die Umstände scheinen heute dafür nicht günstig zu sein: Die Berechnungs- und Rechenvorgänge – sei es durch die Wirtschaft, die Politik, die Bildung oder die Wissenschaft –, in deren Visier wir geraten sind, lassen wenig *Spielraum* für „Eigenes"; und es ist eine Tatsache, daß die Propaganda und die Meinungsindustrie dem Einzelnen heute so umfassend und unerbittlich zusetzen wie noch nie. Doch ist diese „Tatsache" nur eine Konsequenz der technischen Mittel, die uns heute zur Verfügung stehen, sie erklärt nicht die Trägheit und den Umstand, warum sich der Einzelne immer schon lieber *gegen* das Eigene und *für* die Anpassung entschieden hat. So hat bereits Casanova in der Vorrede zu seinem Buch „Meine Flucht aus den Bleikammern von Venedig“ festgestellt:

> *Ich glaube, die meisten Menschen sterben, ohne jemals nachgedacht zu haben.*

Die Abwehr dagegen, im tatsächlichen Leben „unverwechselbar“ zu sein, aus dem Pulk, aus der Masse hervorzutreten und „sich zu zeigen“, ist so augenfällig und zieht sich durch alle Jahrhunderte, daß sie nicht allein durch äußere Umstände erklärt werden kann. Gemeint ist mit *gelebter Unverwechselbarkeit* auch nicht der Drang, „etwas Besonderes“ sein zu wollen, wie er den Emporkömmlingen und Geltungssüchtigen eignet, sondern „bei sich zu bleiben“, bei dem, was man wirklich ist, was man weiß und kann und sich nicht den Moden und Glaubenssätzen seiner Zeit widerstandslos zu unterwerfen. „Des Kaisers neue Kleider“ kann man als Meinungsuniform heute an jedem Zeitungskiosk erstehen oder aus dem Internet *downloaden*, aber das macht sie nicht wirklicher. Warum also, wenn wir auf *das Unverwechselbare* als Teil unseres Lebens, auf den wir uns ständig berufen, nicht verzichten können, wollen wir das Unverwechselbare nicht leben? – Weil die Entscheidung „für das Eigene“, sei es für den „eigenen Gedanken“ oder ein „eigenes Leben“, uns vereinzelt. Und weil sie nicht ungefährlich ist. Unverständnis, Ausstoßung, Isolation, Feme, Ächtung können die Folgen sein. Die Gefahren sind nicht nur äußerlicher Natur. Oft wissen wir gar nicht, was dieses „Eigene“ ist und wo es zu suchen oder zu finden sein soll. Das Risiko, dabei in die Irre zu gehen, ist groß. Geistige Zerrüttung, Zerquälung, Melancholie, Depression, Verfolgungswahn oder blanker Irrsinn sind die Abgründe, die dem Suchenden und Einsamen drohen. Überhaupt: Daß man in die Fänge der Manen gerät, wenn man sich zu weit von den menschlichen Ansiedlungen entfernt, chthonischer Wesen, der Ungeheuer und Kreaturen, die das Chaos und die Nacht bewohnen. Da ist es dann schon sicherer, auf den *Gemeinplätzen* und „in der Vorstellung" von der eigenen Unverwechselbarkeit und Einmaligkeit zu verharren. Gewiß, auch das sind Chimären, denen wir erliegen, aber ihr Befall trifft uns nicht allein. Ein Wahn-*Sinn*, den man mit anderen teilt, wird von den Befallenen meist nicht als Wahnsinn empfunden. Das gilt für kleine Zirkel, Gruppierungen, Familien oder für Sekten, ganze Nationen und für alle sonstigen Geisteskrankheiten, die epidemischen Charakter haben. Erinnert sei hier nur an die Flagellanten, die „Selbstgeißler", die besitzlos, halbnackt, in großen Scharen durch das Land zogen, Asketen, die sich nur von Gras ernährten und in manchen Gegenden so zahlreich waren, daß sie von den Bauern verjagt wurden, weil sie dem Vieh das Futter wegfraßen.

Was zur *Norm* wird, ist im wesentlichen eine Frage der Gewöhnung. Sie ist nach allen Richtungen offen und keine Mitte zwischen Extremen, wie man vielleicht vermuten könnte, sondern immer, vergleicht man sie mit „alten Normen", selbst ein Extrem. Die Realität ist in dieser Hinsicht kompromißlos. Im Prinzip kann alles, was der menschlichen Vorstellungskraft an Abgründen faßbar ist, zur Norm werden. Deshalb ist und kann *die Norm* oder *das Normale* kein Maßstab sein, weder für die geistige Gesundheit eines Menschen noch dafür, ob etwas gut oder richtig ist.

Maßstab ist deshalb nicht die Norm, sondern der Anteil, den der Einzelne an dieser Norm hat, ob er sie teilt, sich ihr unterwirft, in sie „einpaßt“, sie als Realität akzeptiert oder ihr „das Eigene“, wo es nicht in die Norm paßt, entgegensetzt.

*

Allgemein gilt: Wird die Unverwechselbarkeit nicht gelebt, wird „das Eigene“ nicht ins Spiel gebracht, muß es durch entsprechende Vorstellungsinhalte ersetzt werden. – Das ist heute ein sicheres Geschäft. Die Luftkonfektionsschneider haben Saison, sie sind zu Fabrikbesitzern, Konzernherren und Großaktionären geworden. Ganze Industrien existieren davon, uns tagaus, tagein „das Besondere“ zu verkaufen, um uns am vermeintlich Unverwechselbaren teilhaben zu lassen. Heute ist es bevorzugt „das Neue“, das an die Stelle des Unverwechselbaren getreten ist. Unser Anteil am „Noch-nie-Dagewesenen“, wozu jedes Eigene zu zählen ist, wenn es gelebt wird, kann dann gefahrlos durch den Kauf des neuesten technischen Gerätes erworben oder durch die *neuesten Nachrichten* am Bildschirm konsumiert werden. Dabeisein ist alles! – Die breite Akzeptanz der Fortschrittsidee läßt sich auch dadurch erklären, daß sie unser Bedürfnis nach ständig Neuem befriedigt. Das hat durchaus komische Züge, wenn man etwa beobachtet, wie sich Jahr für Jahr die *neuesten Erkenntnisse* vom Vorjahr als Irrtümer erweisen und uns dann als neue Erkenntnisse verkauft werden. Als neue *Norm*. Und das läßt sich endlos fortsetzen ...

Hier in Österreich wie überall.

*

Dieses Österreich – nennen wir es „das offizielle Österreich" –, das sich die meisten Österreicher als unverwechselbar glauben, glaubt man sich am besten im Blick aus weiter Ferne, in *weltumspannenden* Zusammenhängen oder historischen Ansichten – im Rückblick auf Landschaften und Verhältnisse, die längst nicht mehr bestehen, deren Andenken wir pflegen und die wir als Erbe hochhalten, auch wenn sie *in uns* keine Wirklichkeit mehr haben. Kurz gesagt: Man glaubt sich dieses „offizielle Österreich" am besten in Klischees und Stereotypen.

Klischees hat man in erster Linie für die anderen. Und so ist dieses „offizielle Österreich", dem wir auf der Suche nach einer möglichen österreichischen Identität zuerst begegnen, ein Österreich „für die anderen".

Nichts ist einfacher, als sich über dieses Klischee- und Operetten-Österreich lustig zu machen. Die Verlächerlichung dieses Landes und seiner Verhältnisse wird kultiviert und inzwischen auch vom „offiziellen Österreich" (etwa vom österreichischen Staatsfernsehen) gepflegt. Fatalerweise ist dieses „offizielle Österreich“, über das wir uns lustig machen, dasselbe Österreich, in dem wir aufgewachsen sind und – das uns geprägt hat. Gut möglich also, daß der Spott und die Verlächerlichung seiner selbst, die auch das „offizielle Österreich“ so erheiternd findet, nichts anderes sind als die Auswirkungen dieser Prägung. Nicht als „Auseinandersetzung“, sondern als ihre „Fortsetzung“. Das, was man *lustig* findet, wenn man selbst diesen Klischees nicht entwachsen ist.

*

Kulturelle Prägung ist ein nobler Begriff, doch gibt es auch eine Kultur der Verdrängung, der Halbwahrheiten und Lügen, die propagiert werden, der Gemeinplätze und Klischees, die prägend für uns ist. Prägung wirkt dort am stärksten, wo sie unbewußt bleibt. Sie beeinflußt unser Denken, unser Verhalten, unsere Weltsicht. Dabei handelt es sich nicht nur um übernommene Vorstellungsinhalte oder Verhaltensweisen, die sich uns eingeprägt haben, sondern auch um Grundmuster, *wie* wir etwas verstehen, *wie* wir denken, *wie* wir mit einer Situation umgehen usw., usf., also um eine Art Tiefenprägung, deren Erforschung und Katalogisierung üblicherweise Domänen der Psychologie oder Psychoanalyse sind. Der Grund, weshalb sie hier angeführt sind, ist folgender: Wenn wir ein Klischee *glauben* – und in unserem Fall ist damit ein Österreich-Klischee gemeint – und damit aufgewachsen, um nicht zu sagen,

„in ein Klischee hineingeboren“ sind, dann ist *nie* abzuschätzen, wie tief und weitreichend diese Prägung ist und bis zu welchem Grad sie unser Verhalten und Denken beeinflußt: *Be-stimmt*. Das wird erst sichtbar, wenn wir uns von dem Klischee lösen, aus dem Klischee heraustreten.

Deshalb sind wir der Auseinandersetzung mit dem Klischee nicht enthoben und damit auch nicht der Frage, ob der Satz „Ich bin Österreicher“ mehr und noch etwas anderes als nationale Zugehörigkeit und Teilhabe an einer bloß eingebildeten und herbeigeredeten Unverwechselbarkeit sein kann.

Das Fremde

Das Fremde ist bereichernd, wenn wir es prüfen oder uns durch Erfahrung *zu eigen* machen. Wo es nur hingenommen und konsumiert wird, ist es durchlitten. Ein leerer Reiz. Der *Reiz des Fremden.* Etwas wie eine Geisterbahnfahrt. Deshalb gibt es kaum einen Urlauber, der nicht froh wäre, wieder *zu Hause* zu sein – wo das Reizen ein Ende hat.

Was für *das Fremde* gilt, gilt auch für *die Heimat.* – Es gilt für das Selbstverständliche und für den gesicherten Bestand. Wo wir diesen Bestand nicht prüfen, sind wir nur Touristen, wo wir es aber tun, werden wir zu Reisenden.

Fremd, *fremde Heimat* bleibt alles, das ungeprüft ist, übernommen, nachgelebt und nachgesprochen wird: Die Klischees, die Glaubenssätze, die Moden, die Rituale, die Schlagzeilen, die Lieder, die Lebensfilme, die Ideologien – gegen diese Überfremdung ist niemand gefeit, jeder trägt solche Einschlüsse in sich, *Fremdkörper*, heute mehr denn je, es ist eine Schädigung, die nicht zu verhindern ist, eine Art *innerer Luftverschmutzung*, die man als gegeben hinnimmt. Dann ist man Tourist und wenn es schlimm kommt: Tourist *im eigenen Land.*

Der Lohn des Reisenden ist *das Eigene* – eigenes Leben, eigene Gedanken, Er-fahrung, Bewußtsein und eine Identität, die in *der Unverwechselbarkeit* gründet. Eine Unverwechselbarkeit, die man sich – ich wiederhole –, will man sie nicht erleben, auch *glauben* kann, voraussetzungslos, wie es der *gelernte* Österreicher macht, der sich ununterbrochen den Österreicher glaubt und das Österreich glauben will, das ein Österreich *für die anderen* ist.

Aber ein Paßbild ist noch keine Identität und ein Meldezettel kein Zuhause. Im Staat ist keine Heimat zu finden, und auch die Flucht nach vorn, zum selbsterklärten Weltbürger, ist, wo die Identität fehlt, nur ein leeres Wort, das die Vertriebenheit maskiert.

Vom „reinen Formalakt" zur Formel, in die man eingesetzt wird, ist es nur ein kleiner Schritt. „Gelebte Identität" ist keine berechenbare Größe. Eine Identität, die nur aus Vorstellungsinhalten und Klischees besteht, schon. Jede Kultur, sofern sie diesen Namen verdient, ist Ausdruck von Identität. In Österreich wird – und wurde – versucht, durch Kultur Identität zu schaffen. Das könnte ein Nachweis für den Mangel an Identität sein, für Identitätslosigkeit, aber es könnte auch bedeuten, daß die „österreichische Identität", wie man sie nach dem Krieg vorfand, manchen wenig geeignet und repräsentabel schien, für „Das Neue Österreich", das man im Begriff war zu errichten.

Der neue Österreicher

In Zeiten des Kollektivs kann Identitätslosigkeit dem Einzelnen durchaus zum Vorteil gereichen – die Schlußfolgerung, daß sie den *Homo austriacus* zu einem besonders einfühlsamen Menschen macht, blieb aber dem Einfallsreichtum des österreichischen Autors und Burgtheaterdirektors Anton Wildgans (1881–1932) vorbehalten, der 1929 in seiner *Rede über Österreich*[1] schrieb:

> *Um zuerst nochmals kurz von der Geschichte zu reden: Sie hat den Österreicher leben und werden lassen in einem Staatswesen, in dem die Deutschen der Zahl nach zwar immer Minorität, ihrer politischen und kulturellen Rolle nach aber das Führer- und Staatsvolk waren. So lernte der österreichische Mensch zweierlei: Psychologie und*

---

[1] Diese „Rede über Österreich" war dazu bestimmt, am 12. November des Jahres 1929, dem Geburtstag der österreichischen Republik, in der „Schwedisch-Österreichischen Gesellschaft" zu Stockholm vor dem schwedischen Königshaus von Anton Wildgans als Abgesandter und *geistiger Vertreter* (sic! – Anm. d. A.) Österreichs selbst gesprochen zu werden. Eine plötzliche Erkrankung, die ihn auf der Reise nach dem Norden befiel, verhinderte dieses Vorhaben. Statt dessen hielt er die Rede am 1. Jänner im Wiener Rundfunk. Der Widerhall war ernorm und löste einen wahren Volkssturm aus.
Siehe: http://www.antonwildgans.at/page87.html

das Dienen an einer Idee! Denn Führerschaft, wenn sie nicht bloß auf brutale Gewalt gegründet ist – und eine solche war schon durch die Minderzahl der Deutschen in der Monarchie unmöglich! – denn Führerschaft ist immer auch Richterschaft, und diese erfordert hinwiederum ein Über-den-Parteien-stehen, welches im gegebenen Falle identisch war mit einem Stehen über den Nationalitäten. So lernte der Deutschösterreicher alles, was er in bezug auf den Gesamtstaat dachte und aussprach, in soundsoviele andere Sprachen übersetzen und begegnete dabei der geheimnisvollen Tatsache, daß jeder Satz der eigenen Sprache, ob auch in der fremden dem Sinne nach gleich, dennoch in dieser nicht nur phonetisch, sondern auch seelisch einen anderen Klang hat. So wurde er zu einem Menschen, der sich hineindenken konnte, ja, hineindenken mußte in fremde nationale Gefühlswelten, in fremde Volksseelen, so wurde er Völkerkenner, Menschenkenner, Seelenkenner, mit einem Wort: Psychologe. Und Psychologie ist alles! Und Psychologie ist Pflicht im Zusammenleben der Menschen und Völker!

Diese Rede ist in mancherlei Hinsicht bemerkenswert. Unheimlich ist der drohende Unterton; beinahe hat man, aus heutiger Sicht, den Eindruck, daß Wildgans um das Kommende zu wissen schien: Es ist in seinen Worten anwesend, Herrenmensch, Führervolk, Führerschaft, die auf brutaler Gewalt gründet, sodaß man sagen kann: Die Gefahr ist benannt, und doch flüchtet er sich in die Überzeugung und in den Glauben „seines“ Jahrhunderts, das ein Jahrhundert der Bürgerlichkeit war, das Humanismus mit Menschlichkeit verwechselte und durch falsche Heilserwartungen und falsche Gegnerschaft der Industrialisierung und Vernutzung der Welt, wie sie heute unser Leben bestimmt, den Weg bereitete. Die Dummheit des Bürgers wird nur noch von seiner Anmaßung übertroffen. So ist es nur konsequent, wenn er wenig später, in geheuchelter Bescheidenheit, zum „kleinen Mann“ mutiert, auszieht, um sich die Welt zu unterwerfen, ein letztes Mal in Uniform, die er eigentlich nicht nötig hat. Darunter verbergen sich dasselbe Denken, dieselbe Dummheit und dieselbe Anmaßung, die auch heute noch an unseren Schulen und Universitäten gelehrt werden: Der Glaube, sich mit den Mitteln der Wissenschaft und der Technik die Welt unterwerfen zu können – unter Ausschluß und Leugnung jedes übergeordneten geistigen Prinzips. Dieser Glaube schließt die Unverwechselbarkeit in jeder möglichen Erscheinungsform aus. Das Ziel – und die letzte Konsequenz – ist die „Nachschöpfung“ der Welt. Sie soll durch Verbesserung und Optimierung des Vorhandenen erreicht werden. Das heißt: Was vorgefunden wird, wird auseinandergenommen, analysiert und unter Weglassung der „unerwünschten Bestandteile“ wieder nachgebaut (kopiert), um dann das Vorgefundene zu ersetzen.

Ersetzt werden soll auch das Schöpferische. Und der schöpferische Mensch. Er ist der eigentliche Antagonist des Bildungsbürgers, der zu jedem schöpferischen Akt unfähig ist. Warum muß er ewig an dem Vorhandenen herumpfuschen und herumexperimentieren? Warum wird ihm alles Lebendige zum *Material?* Warum kann er nicht selbst etwas *Neues* in die Welt setzen, etwas Noch-nie-Dagewesenes, das kein Hybrid und keine Chimäre ist? – Eben. Und aus dieser Unfähigkeit heraus muß er zwangsläufig an „die Entwicklung" glauben. Der schöpferische Akt aber, wie jeder schöpferische Mensch weiß, kennt keine Entwicklung. Nur ein Davor und ein Danach. Das gilt auch für den „eigenen Gedanken".

Hier in Österreich wie überall.

*

Nein, Psychologie ist nicht alles, wie Wildgans verzweifelt ausruft – und wo es doch der Fall ist, etwa in der Werbung, wird sie nicht zum Wohl des Menschen eingesetzt. Wildgans setzt die Psychologie an die Stelle des Guten im Menschen, an das er als Menschenfreund und Bildungsbürger glaubt. Hätte er statt dessen von Mehlspeisen oder von Liebe gesprochen und den *neuen* Österreicher als *liebenden* Österreicher ausgerufen, dessen Liebesfähigkeit sich aus der Verehrung des Kaiserhauses und da insbesondere der Kaiserin Elisabeth herleite, hätte er zumindest Humor bewiesen. Doch die Zeiten waren ernst und das Sendungsbewußtsein ungebrochen. Also fährt er fort:

Das Unheil, das immer wieder in Gestalt von Kriegen oder Klassenkämpfen die Welt überflutet, es stammt zumeist von dem Mangel an Psychologie, von dem fehlenden Willen zur Psychologie, von der Trägheit der Geister und der Herzen, die sich mit bloßen Gerüchten über den anderen und mit Lügen über den anderen begnügen, anstatt ihn zu erkennen und dadurch in seiner Wesensart, in seinen Leidenschaften, Empfindlichkeiten und Ansprüchen zu begreifen. Dieses Erkennen und Begreifen nun ist sozusagen die historische Natur des österreichischen Menschen. Freilich bedeutet solche Einfühlungsgabe – und dies muß unumwunden zugegeben werden – in gewissem Sinn auch Hemmung. Denn, wer es nicht notwendig hat oder nicht genug Phantasie besitzt, sich vorzustellen, was seine eigenen Worte und Handlungen in anderen – denen sie gelten, denen sie vielleicht sogar Gesetz sein sollen! – an geistigen und seelischen Reaktionen auslösen, ein solcher hat es bei weitem leichter, Tat- und Herrenmensch zu sein; seine Aktivität ist ungebrochener, sein Wesen ohne Zwiespalt und sein Auftreten entschiedener. Ein solcher Tat- und Herrenmensch nun, besonders in nationaler Beziehung, ist der Österreicher nicht. Das mag für das Fortkommen in der Welt, das mag vom Standpunkte nationaler Selbstbehauptung ein Mangel sein, von der höheren Warte reiner Menschlichkeit aus gesehen ist es ein Fehler kaum. […]

Einfühlungsgabe kann sich auch als *vorauseilender Gehorsam* zeigen. Zweierlei habe der Österreicher gelernt, sagt Wildgans: „Psychologie und das Dienen an der Idee!" Acht Jahre später, bei den Novemberpogromen, bewies der *neue* Österreicher, wozu er fähig war. Sein Einfühlungsvermögen, sein „Hineindenken" in die Ordres der neuen Herren und die Art der Umsetzung übertrafen alle Erwartungen. Die Übergriffe gegen die jüdische Bevölkerung nahmen solche Ausmaße an und waren von einer Unmenschlichkeit geprägt, daß man sich selbst im *Altreich* darüber entsetzte. So mag es beim *neuen* Österreicher vielleicht nicht zum Tat- und Herrenmenschen gereicht haben, zum willigen Handlanger allemal. Und der Vorzug, kein Tatmensch gewesen zu sein, erinnert sich dem *neuen* Österreicher spätestens dann, wenn er für seine Verbrechen zur Verantwortung gezogen wird.

Wer dem falschen Herrn dient, soll mit ihm zugrunde gehen.

Der *neue* Österreicher, wie er sich damals offenbarte, war kein Diener. Er war ein Knecht.

*

Wildgans' Irrtum liegt in seiner Auffassung von Identität begründet: Er setzt *die österreichische Bevölkerung* mit *der österreichischen Identität* gleich. Das ist gewissermaßen ein Rechenfehler, und wer auf diese Weise Identität zu erhalten versucht, *kann* sich nur verrechnen.

*

Das Bedrohliche an dieser Rede rührt auch daher, daß der *neue* Österreicher, den Anton Wildgans propagiert und dem er alle möglichen Eigenschaften andichtet, *noch nicht da ist.* Wildgans' *neuer* Österreicher ist eine Behauptung, was verwundert, denn der Zusammenbruch des Vielvölkerstaates lag damals schon mehr als ein Jahrzehnt zurück. Man könnte meinen, der *neue* Österreicher hätte Zeit und Gelegenheit genug gehabt, sich *zu zeigen*, in seiner Eigenheit, in seinen, wenn es denn sein muß, *neuen Qualitäten*. Offensichtlich gibt es einen Grund, warum *der* Österreicher, *der da ist*, verschwiegen wird. Er ist inexistent in Wildgans' Rede, obwohl es ihn unzweifelhaft gegeben haben muß. Wo ist *der knechtische* Österreicher, der wenige Jahre später an die Macht kommt? – Wo ist *der widerständige* Österreicher, wo *der gewaltbereite*, wo sind *die Schutzbündler*, wo ist *die Heimwehr*, wo sind *die Nationalsozialisten?* – Was, denkt man, *faselt* da Herr Wildgans drei Jahre nach dem Brand des Justizpalastes von *Psychologie* und *Einfühlungsgabe* als quasi ererbte Grundqualität des *neuen* Österreichers? – Gewiß ist nur: Der *neue* Österreicher, von dem er spricht, ist nicht da.

Und: Es ist ein Österreicher *für die anderen.*

*

Wildgans' Rede ist der Versuch, eine österreichische Identität zu beschwören und sie ist als Versuch beispielhaft: Auch in ihrer Realitätsverweigerung. Und so stellt sich auch heute die Frage, ob es neben dem „offiziellen Österreich“, ob es neben dem Österreich *für die anderen* noch ein *anderes Österreich* gibt, jenseits der Selbstverständlichkeiten und *Gewußtheiten*, abseits des Etablierten und des propagierten Klischee-Österreich, ein Österreich, das, wenn nicht von der Mehrheit, so doch zumindest von einigen in diesem Land gelebt wurde und gelebt wird.

Dabei muß klar sein: Dieses *andere Österreich*, wenn es existiert, hat keine Saison. Und das gilt auch für seine Protagonisten. Gut möglich, daß sie von ihrer Zugehörigkeit – auch untereinander – nichts ahnen und sich ihr *anderes Österreich* durch Ablehnung und Ignoranz im Alltag erleben, denn wer das Selbstverständnis nicht teilt, kann das Gemeinschaftsgefühl nur stören und muß dazu nicht einmal seine Stimme erheben.

Es genügt, daß er *da ist*.

Sprechen wir also über Österreich,

obwohl: Es soll hier weniger *Neues* gesagt, sondern es sollen Zusammenhänge aufgezeigt werden, die dem Leser vielleicht neu sind, wodurch sich dann auch das Gesamtbild ändert. Dabei, so viel sei verraten, wird sich dieses Land als *unverwechselbar* erweisen, mit Eigentümlichkeiten und Zuständen, die in Europa, weltweit sowieso, weitgehend unbekannt sind.

Das gilt übrigens auch im Umkehrschluß. Meist wissen wir über die Geschichte oder Geographie eines Landes mehr als über die realen Verhältnisse, die den Alltag der Menschen dort bestimmen, ganz zu schweigen von den Ursachen, den Herkünften und den bestehenden Zusammenhängen. Davon haben wir nur Schlagworte im Kopf, Zeitungsüberschriften, Prospekte. So reden wir von Europa, als wäre es ein Dorf, in das wir jederzeit reisen könnten. Auch das ein Zug der Zeit: Die *Unbedarftheit,* mit der wir von anderen Ländern und Menschen, ja von ganzen Epochen sprechen, uns Identitäten und Zuständigkeiten anmaßen, als wären wir beim Schneider.

Solche Verwechslungen und Anmaßungen sind im Grunde provinziell – früher hätte man gesagt *kleinbürgerlich* oder *hinterweltlerisch*, was die Sache besser trifft – und entbehren nie einer gewissen Naivität. Das ist die Kehrseite des Globalen, das sich in unseren Köpfen festgesetzt hat: Ein rücksichtsloses Simplifizieren von Zusammenhängen und Nivellieren von Unterschieden. Es ist, wie es immer war, wenn der Bürger als *kleiner Mann* – das *klein* ist seiner sich selbst zugedachten Bescheidenheit geschuldet – seine *guten Absichten* in die große Welt hinausgesprochen hat. Nur, daß er heute die Möglichkeit und die Mittel besitzt, sie auch umzusetzen, um tagaus, tagein die Mitbürger mit seiner Kleinhansgerechtigkeit zu terrorisieren, mit seinen Hinterhofvorstellungen vom Guten und Bösen und der Gerechtigkeit in der Welt. Das *Globale* aber ist nicht die Welt.

Und: Die Welt ist kein Dorf.

Doch wo wir vom *Globalen* sprechen, ist sie dazu geworden.

Wo die Welt zum Dorf wird, sind wir nur Urlauber. Im eigenen Dorf aber kann man schlecht Urlaub machen, denn als *Einheimischem* steht einem die unbedarfte Ahnungslosigkeit des Urlaubers schlecht zu Gesicht. Der *Einheimische* ist Teil des Panoramas. Das kann sich auch der Österreicher nicht aussuchen. Er kann es drehen und wenden, wie er will. Und so, während der Urlauber immer nur in Ansichtskarten spricht, kann er als Einheimischer immer nur *aus* den Ansichtskarten *heraus* sprechen.

Dieses Angepaßtsein – eigentlich: Eingepaßtsein (in das Panorama) – geht der Anpassung voraus.

Und da der Österreicher über sein Land am liebsten so spricht, wie er andere über sein Land reden hört, lautet der erste Hauptsatz des österreichischen Selbstverständnisses:

DAS LAND IST SCHÖN.

Gemeint ist natürlich die Landschaft. Die Berge, die Wälder, die Seen. Mit einem Wort: *Das Gegebene*, etwas also, wofür der Österreicher nichts kann.

*

Der zweite Hauptsatz des österreichischen Selbstverständnisses lautet:

DIE GEGEND IST SCHRECKLICH.

Die Gegend – das ist das Leben, das sind die Menschen, das ist eine Partei oder die Regierung, der Staat oder die Luftverschmutzung, die Arbeit oder das Wetter. Der Satz wird im Tonfall des enttäuschten Urlaubers gesprochen. Er ist mehr von der Stimmung als vom Urteil getragen.

Der Kammerton für diese Stimmung ist *das Meinen* – obwohl das strenggenommen kein Ton ist, sondern eher ein Geräusch. Der einzige *Ton*, den das Kollektiv *hervorbringt*, ist der Sirenenton. Es ist für jede Art von Gesang ungeeignet, unempfänglich für alles Musische. Jeder schöpferische Ausdruck, sei er künstlerischer oder geistiger Art, verkommt im Kollektiv zum Geräusch. Was im Kollektiv als literarisch, poetisch oder geistvoll gilt, bezieht sich auf den Bereich, in dem sich das Geräusch ereignet. Wir können auch sagen: *Das Meinen* ist das Geräusch des Kollektivs.

*

Eine Meinung nur *für sich* zu haben, ist ebenso unmöglich, wie eine Meinung *für sich* zu behalten. Eine Meinung hat man *für andere.* Ein Urteil oder eine Gewißheit hingegen behält man gern *für sich,* wie es Rivarol[2] so treffend ausgedrückt hat:

> *Die erste Tugend ist die Aufrichtigkeit zu sich selbst, ihr folgt die Verschwiegenheit gegenüber anderen auf den Fuß.*

Meinen ist Andeutung, Raunen, Geraune, etwas wie ein Gerücht und – es ist immer abwertend. Wie ein Schuß, der danebengeht, weil das Visier unscharf eingestellt ist. Und ein wenig hat man dabei stets den Verdacht – auch oder gerade beim *Gut-Gemeinten* –, daß es absichtlich falsch eingestellt ist.

*

Für den Österreicher ist *das schöne Land* die Bühne und *die Gegend* das Stück, das gespielt wird. Erst durch sein Meinen betritt der Einheimische als Österreicher die

---

2 Antoine de Rivarol (1753–1801), französischer Schriftsteller

Bühne. Erst durch sein Meinen *wird* er zum Österreicher. Das, denkt er, ist sein Text und das ist die Rolle, die er zu spielen hat. Doch was er auch vorbringt: Immer ist er schon in die *schöne Landschaft* gestellt. In diesen Rahmen. In das Vollkommene. Unerreichbare.

Sein „bescheidenes" Meinen betont die Ausgeliefertheit des Einzelnen an diese Landschaft und – in weiterer Folge – an *die größeren Zusammenhänge*. Da wird er zum Spielball, zum Opfer von Mächten und Kräften, die er *nicht gemacht hat* und deshalb auch nicht beeinflussen kann.

Daß er dabei letztlich selbst von der Abwertung dieses Meinens nicht verschont bleibt und zum *Gemeinten* wird, ist nur konsequent. Es scheint ihn auch nicht weiter zu stören, ist der Österreicher doch prinzipiell stolz auf das, was er selbst *nicht* ist, solange man ihm die Illusion nicht nimmt, daß er es sein könnte.

DAS LAND IST SCHÖN

mag zwar für andere nur ein Klischee, eine Ansichtskarte sein, doch für ihn, der er kein Urlauber ist, *bedeutet* diese Ansichtskarte alles. Für den Österreicher ist *Das schöne Land* – es kann in der Vergangenheit liegen oder der Garten Eden sein – die Meßlatte, an der die Realität und der Einzelne als *Gegend* gemessen werden.

Dazu muß man wissen: *Die schöne Landschaft* ist alles, was dem Österreicher von diesem *schönen Land* geblieben ist. Nach der Monarchie und den Weltkriegen.

Sie ist in Österreich der Rahmen für alles Kleine und Kleingewordene, für alles Kleingeredete und Kleingemachte.

Und: Sie ist der Bezugsrahmen für seine Identität.

Das Selbstgefühl

Das verbindende *österreichische Volksgefühl* ist die Gewißheit um die völlige Bedeutungslosigkeit dieses Landes in der Welt. Ein Schicksal, das es mit anderen Ländern teilt, doch ist in Österreich diese Bedeutungslosigkeit – egal wie sich der Österreicher *vor den anderen* dazu äußern mag – durchaus gewollt, um nicht zu sagen: *Gewählt.* Sie erzeugt in ihm ein *beruhigendes Gefühl.* Sie garantiert eine Sicherheit, wie sie nur das Durchschnittliche und die sogenannte *Normalität* – die immer forciert ist – gewähren können. Dort ist der Österreicher, mehr als andere, *zu Hause.*

Und so genießt der Österreicher sein *Nur-Dabeisein* an den Tischen der Mächtigen, das Schwimmen im Schwarm, die Befolgung und Umsetzung der Richtlinien und Marschbefehle, die *irgendwo* in der Welt ausgegeben werden. Das gilt auch für Katastrophen: Wird Österreich von einer Grippewelle verschont, läßt sich hernach die halbe Bevölkerung impfen. – Man will eben auf keinen Fall *zurückbleiben.* Das ist der Zug der Zeit, den *der kleine Mann* nicht versäumen darf. Und auch nicht *die kleine Frau.* Dann heißt es: *Man darf nicht rückständig sein.* Aber das hat nichts mit Fortschrittlichkeit oder Weltoffenheit zu tun, es ist nur die Angst, hinter der Norm zurückzubleiben, die sich darin ausspricht.

Unsere „Veränderungen“, unsere sogenannten Entwicklungen, Neuerungen und Reformen sind Anpassungen – oder versuchte Anpassungen – an zumeist „internationale Tendenzen“, Trends und propagierte Fortschrittlichkeiten, die weder den realen Bedürfnissen der Bevölkerung entsprechen noch daraus hervorgegangen sind. Dann ist etwa von *europaweiten Standards* die Rede, um jede Diskussion über Sinn und Unsinn der Maßnahmen im Keim zu ersticken. Man will eben nicht zurückbleiben. Und der Österreicher, wie es seine Art ist, stellt fest: „Das ist normal“ und geht, als wäre damit alles gesagt, zur Tagesordnung über.

Selbstverständlich sind die fortschreitende Normierung und Nivellierung, die hinter verschlossenen Türen verhandelt werden, kein spezifisch österreichisches Problem – der Umgang damit schon. Der Verzicht auf das Eigene, der die Standardisierung erst möglich macht, wird vom Österreicher in der Regel weder begrüßt noch bekämpft, ja nicht einmal hingenommen – denn das setzte schon einen Erleidensdruck voraus, der nicht gegeben ist, wenn das Eigene, das man verliert, immer schon ein Eigenes *für die anderen* war.

Der erfolgreiche Österreicher

Doch ist der Österreicher, frei nach Kafka: „Ich glaube nicht an das Böse, denn mehr Böses als da ist, gibt es nicht", fest entschlossen, „vor den anderen" *nicht* an die Bedeutungslosigkeit des eigenen Landes zu glauben. Er mag zwar hie und da in der Öffentlichkeit mit ihr kokettieren, aber wo er wirklich darauf gestoßen wird, ist er schnell mit einem probaten Gegenmittel zur Hand: Dem Erfolg. Dem *erfolgreichen* Österreicher.

Der *erfolgreiche* Österreicher ist es, der ihm sein Dabeisein garantiert und ihm sein *beruhigendes Gefühl* verschafft. Er ist sein Stellvertreter. Und als Botschafter des *schönen Landes*, das dem Österreicher „seit jeher" als Heimat versprochen ist, sitzt er an den Tischen der Mächtigen und bereist die Welt. Der *erfolgreiche* Österreicher ist eine Klasse für sich. Eigentlich eine *Kaste* – wer ihr einmal zugerechnet wurde, bleibt es ein Leben lang. Das erklärt auch den Umstand, daß in Österreich jeder Autor, der *einmal* ein erfolgreiches Buch geschrieben hat und dann dreißig Jahre nichts mehr – außer vielleicht ein paar Zeitungsartikel oder Reden für Politiker –, immer noch als erfolgreicher Autor *gilt*. Es ist nicht Dankbarkeit, die ihn sein Auskommen finden läßt, sondern *seine Vorzeigbarkeit* – als Beweis gegen die Bedeutungslosigkeit dieses Landes in der Welt. Das gilt für Künstler wie für Soubretten, Theaterdirektoren wie

Schauspieler, Sportler wie Politiker, besonders aber für die Kultur und den Sport. Es gibt einen Fundus an *erfolgreichen* Österreichern, einen geistigen Zentralfriedhof, der, über die realen Friedhöfe hinaus, halb Europa umfaßt. Dort ist auch Franz Kafka ein Österreicher, alle Klassiker in der Musik sowieso und jeder Erfolg eines Österreichers im In- oder Ausland – egal, ob er erst vor zwei Monaten eingebürgert wurde oder ob sein Großvater oder seine Urururgroßmutter österreichische Staatsbürger waren und er selbst nie in diesem Land gelebt hat, dessen Sprache er auch nicht spricht – gilt als *österreichischer Erfolg,* weil es ein Erfolg *gegen* die Bedeutungslosigkeit dieses Landes ist.

Deshalb ist ein Erfolg in Österreich immer ein Sieg.

„Denen haben wir es gezeigt", heißt es dann.

– Ja, aber *was* gezeigt?

Selbstverständnis

Der Österreicher hält sich immer für *besser*, als er glaubt, anderen zu erscheinen. – Ein schwieriger Satz. Man könnte auch sagen: Seine Meinung *von sich* ist höher als jedes Lob und jede Tugend, die ihm ein anderer zuerkennen kann. Diese „hohe Meinung von sich" im Umgang mit anderen, vor allem mit Nicht-Einheimischen, zu verbergen, zeitigt die wohlmeinenden Ansichtskarten des *österreichischen Charakters*, die über ihn in Umlauf sind: Sein Hang zur Gemütlichkeit, seine Geselligkeit, sein Charmieren, seine Gastfreundlichkeit – alles Attribute, die in Gegenden mit Tourismusbedarf dramatisch zunehmen.

Die negativen Charakterzüge hingegen, die ihm nachgesagt werden, gründen in dem *beruhigenden Gefühl*, das ihm die Bedeutungslosigkeit seines Landes verschafft, eine Mischung aus Selbstzufriedenheit und Selbstgenügsamkeit, die man als *österreichisches Phlegma* bezeichnen könnte. Eine Schlampigkeit, für die der Österreicher berühmt ist. Ein Unwille zur Sachlichkeit, der jede *Angemessenheit* – im Denken wie im Handeln –, wo sie gefordert wäre, unmöglich macht. Auffallend, vor allem für Nichtösterreicher, ist die Distanzlosigkeit, die der Österreicher im Umgang mit „seinesgleichen" pflegt. Ein kumpanenhaftes Auf-den-Leib-Rücken, das auch im Offiziellen zu beobachten ist, in den Nachrichten oder bei öffentlichen Auftritten, solange man „unter sich ist". Von demselben Selbstverständnis sind auch die Vetternwirtschaft und die „Mauschelei" geprägt. Sie sind Teil der politischen Kultur des Landes und werden – meist ohne den Schatten eines Unrechtsbewußtseins – ganz unverhüllt praktiziert. Das Kumpanenhafte wird dann schnell zum Komplizenhaften.

Ein Selbstverständnis, dem der Österreicher natürlich nur frönen kann, solange er „unter sich", solange er unter „seinesgleichen" ist. Ist ihm diese Grundlage entzogen, wirkt er, wie etwa seine Politiker bei offiziellen Anlässen im Ausland, eher ungelenk, agiert ungeschickt, um nicht zu sagen *bäurisch*. Beides – die an Brutalität grenzende Jovialität im eigenen Land und die oft an Peinlichkeit kaum zu überbietende Ungeschicklichkeit auf dem „internationalen Parkett" – ist Ausdruck seiner Provinzialität.

*

Der Österreicher, der als Österreicher *vor den anderen* umgeht, kann zwischen Sache und Person nicht unterscheiden. Das macht ihn dort unsicher, wo es „nur um die Sache" geht. Eine Sache, die ihn „betrifft", macht ihn „betroffen". Wird „in der Sache" kritisiert, fühlt er sich persönlich angegriffen. Tatsache aber ist, daß den Österreicher, der immer vom Persönlichen spricht und immer so *persönlich tut*, der andere als Person überhaupt nicht interessiert. Als Einzelner, Vereinzelter. Und als solcher will er auch nicht angesprochen sein.

Darum gilt: „Österreicher *vor den anderen*“ ist man nie allein.

Hier in Österreich wie überall.

Ohnmacht und Anrufung

Das *österreichische Selbstgefühl*, das den *österreichischen Charakter* befestigt und seinen unterschiedlichen Ausformungen zugrunde liegt, changiert zwischen Ohnmacht und Selbstzufriedenheit.

Beides ist der Ausgeliefertheit des Österreichers an die Umstände geschuldet – und die Umstände, das sind *die anderen*, vor denen man Österreicher ist und durch die man erst zum Österreicher wird.

Die anderen bestimmen, als Umstände, *die Gegend*, in die der Österreicher verwunschen ist und werden von ihm als Instanz, die ihm als Österreicher *die Normalität* garantiert und als Beweis, nicht *zurückzubleiben*, bei jeder passenden und unpassenden Gelegenheit herbeizitiert – wie Gespenster.

Diese Anrufung *der anderen*, im Öffentlichen und Offiziellen, wird auch im Eigenen fortgeführt, als eine Art *innerer Dialog*, den jeder Einheimische, der zum Österreicher *vor den anderen* wird, gezwungen ist zu führen – schon um die Stimmen *in sich* zu übertönen, die ihm den Österreicher *vor den anderen* nicht glauben wollen und hartnäckig seine Selbstzufriedenheit stören. Nehmen diese Stimmen überhand, erinnert sich der Österreicher *vor den anderen* gern seiner Ohnmacht und Ausgeliefertheit, die ihn daran hindern, so zu sein, *wie er wirklich ist*, daran, daß er nicht gewollt ist und nie gewollt war – wie dieses Österreich, das kein Österreicher je gewollt hat und das den Österreichern *verordnet* wurde, weshalb auch jeder Österreicher ein Produkt dieser Verordnung sei, ein Konstrukt, eine aus der Niederlage des Weltkrieges und dem Zusammenbruch des Vielvölkerstaates hervorgegangene Nachschöpfung des *wirklichen* Österreichers, der er nie hatte sein können. Nur ein Gegend-Österreichertum ist ihm gestattet. Zu einem Golem *en miniature* sei er geworden, der, statt des Zettels mit dem lebensspendenden Wort unter der Zunge, heute mit einem Staatsvertrag in der Tasche und einem Bündel internationaler Vereinbarungen im Arm auf papierenen Füßen zu den Konferenzen der Staatengemeinschaften hinkt, um aus den Händen der Mächtigen seine Ordres zu empfangen, die von ihm so pflichtschuldig nachvollzogen und verinnerlicht werden, daß sie längst jeden Befehlscharakter verloren haben.

Heimat,

wirkliche Heimat, im Sinne von seelischer Zugehörigkeit, kann und konnte der Österreicher in diesem Satrapenstaat nie finden – es ist die *Gegend*, die er heute bewohnt, die *schreckliche Gegend*, die ihn als Staatsbürger erfaßt und verwaltet. Dahinter die *Landschaft*, davor die Region, in der er als Einzelner wurzelt – und wo er noch *wirklich* heimisch, also einheimisch ist, kann von einer *österreichischen Identität* nicht gesprochen werden, denn diese Art des Heimatgefühls ist, salopp gesprochen, gerade für ein, zwei Gebirgstäler gut – oder eine halbe Kindheit. Dann folgt der Unterricht, die Unterrichtung: Über das, was Österreich war und was Österreich heute ist; die Propagierung einer *größeren Heimat* im Gefüge der Welt. Das soll dein Zuhause sein. Dein Vaterland. Aber es rinnt an dir ab wie Wasser an einer Ölhaut – und wo es dich anrührt, reicht es in Zeiten zurück, die längst vergangen, und in Landschaften, die nie ganz wirklich gewesen sind …

*

Die Unterrichtung. Das Heraustreten aus der engeren Heimat, der Familie, dem nächsten Umfeld in größere Bezüge, dieses „Hinauswachsen in die Welt“ fällt heute für jedes Kind mit der *Einschulung* zusammen, dem Antritt der sogenannten *Schulpflicht*. Die meisten Kinder empfinden die Schule als das, was sie wirklich ist: Ein Zwang. Und die Schulpflicht ist *zwingend*.

Die erste Lektion, die ein Kind in der Schule lernt, ist:

DASS MAN GEZWUNGEN WERDEN KANN

– von etwas, zu dem man keine Beziehung hat, keine familiären Bande, sondern das *von außen* auf einen zugreift, nur, weil man *da ist*, Kind ist. Und zu sehen: Es hat auf *alle Kinder* diesen Zugriff. Für das Kind ist das unverständlich. Das Kollektiv, von dem es erfaßt wird und das es zwingt, *täglich zwingt*, hat für das Kind kein Gesicht und keine Wirklichkeit. Es ist anonym. Und keine Macht der Welt, auch nicht die Eltern, kann es vor diesem Zugriff schützen.

Die zweite Lektion, die ein Kind in der Schule lernt, ist:

DEN ZWANG NICHT MEHR ALS ZWANG ZU EMPFINDEN

– mit der Konsequenz, daß es sein Empfinden verliert.

So weit der *Lehrplan* des Kollektivs.

*

In Österreich kommt erschwerend hinzu, daß dieses Österreich, das unterrichtet wird und uns Heimat sein soll, nicht mehr als ein Begriff ist, dessen Definitionsgrenzen mit den Staatsgrenzen in eins fallen.

So ist es nicht die Geschichte eines Landes, die sich *nie* in der Geographiekenntnis erschöpft, oder eines Volkes, die unterrichtet wird – denn ein österreichisches Volk gibt es nicht, nur eine, wie es ja auch folgerichtig im Politjargon heißt, österreichische *Bevölkerung* –, sondern die Geschichte des Staates, der uns zur *Heimat* werden soll.

Das ist nicht möglich, und wo es doch möglich scheint, ist es nur das Resultat einer ideologischen Über-Zeugung.

Dann ist man *im Glauben* zu Hause.

Dann ist „die Vorstellung von Österreich" das Vaterland und *die Heimat*, der sich die österreichische Wirklichkeit unterzuordnen und in die sich der Österreicher einzupassen hat.

*

Trotz der unablässigen *Heimatbeschwörung* auf Ansichtskarten und in Urlaubsprospekten, trotz der Blaskapellen und Volkslieder, die den Touristen und Österreichreisenden ständig um die Ohren donnern, trotz der kernholzartigen Einheimischen, die jodelnd und jauchzend in Trachtenkostümen von einem Volksfest zum nächsten über die Bildschirme tanzen, im Sommer als Bergführer von Gipfel zu Gipfel wandern, von Almhütte zu Almhütte taumeln und im Winter ihr Auskommen als Schilehrer oder Schneepflugfahrer bestreiten, wird sich, bei genauerem Hinsehen, unter all diesen *Vorzeigeösterreichern* kein einziger österreichischer Patriot finden, keiner, der bereit wäre, für *diesen* Staat, für *dieses* Österreich, für *dieses* Land, ein Opfer zu bringen, zu dem er nicht gezwungen ist (etwa, indem er Steuern zahlt). Von *Heimatliebe* also keine Spur. Es ist nur *Heimatgetue*, dem man begegnet, eine *Gefühligkeit*, die man sich leistet, wenn sie nichts kostet. Keiner glaubt das *wirklich*. In dieser Hinsicht ist die Heimatindustrie ein Teil des Showbusineß, wo man auch zeigen muß, was man *nicht* hat.

*

Der österreichische Heimatbegriff ist für den Export bestimmt. – Wo sich noch Spuren von Patriotismus und Heimatliebe finden, sind sie entweder regional bedingt – als mißverstandener Landschaftspatriotismus, wie er zum Beispiel in Heimatfilmen à la *Echo der Berge* zelebriert wurde – oder sie weisen, anderen Gefilden und Geographien verpflichtet, über die Grenzen *dieses* Staates hinaus, der dem Österreicher nur *Gegend* ist, die er erträgt, weil ihm kein anderer Lebensraum zur Verfügung gestellt wurde.

Der gelernte Österreicher

Österreicher wird man nicht durch Geburt.

Es ist ein Akt der Selbstpragmatisierung in der Welt.

Der Österreicher *vor den anderen* ist ein *gelernter* Österreicher, der im Grunde immer ein *überzeugter* Österreicher ist, das heißt: Er hat den *eigenen Kopf* gegen die Überzeugung eingetauscht.

Der Lernvorgang kommt einer Köpfung gleich.

Aber alles Kopflose will be-hauptet sein. Und so können wir beim *gelernten* Österreicher – buchstäblich – von einer *be-haupteten Identität* sprechen. Und von diesem – *seinem* – *Österreich* als der unablässigen Be-hauptung eines Staates, die, sinnigerweise – und fast ausschließlich – von der Haupt-Stadt aus betrieben wird, wo ja auch, schon von Berufs wegen, das Gros der *gelernten* Österreicher zu Hause ist: Die Österreichbetreiber.

Egal ob als Politiker, Journalist, Theaterdirektor, Hochschulprofessor, Lehrer oder Beamter – immer finden wir die Überzeugung des *gelernten* Österreichers unmittelbar und auf profitabelste Weise mit seiner Existenz verknüpft.

Ist der *eigene Kopf* einmal entfernt, läßt sich die Überzeugung jederzeit durch eine andere ersetzen. Das macht den *gelernten* Österreicher auch so gefährlich. Im Gegensatz zum *Landschaftspatrioten*, dem es noch „um etwas geht“ und über den sich der *gelernte* Österreicher als echter „Mann von Welt“ gerne lustig macht.

Das lächerliche Österreich

Es ist natürlich leicht, sich über etwas lustig zu machen, „wenn es um nichts geht“. Eine lächerliche Seite läßt sich an allem finden, es ist nur eine Frage der Perspektive, die Perspektive aber eine Frage des Standortes, den man einnimmt. Das Lächerliche färbt ab, so wie Menschen, die ständig Witze erzählen, unweigerlich im Verdacht stehen, selbst keinen Witz zu besitzen. Und wenn einer sagt: „Es ist alles lächerlich, wenn man an den Tod denkt“, muß folglich auch dieser Satz lächerlich sein. Dieser Satz, der über den Literaturbetrieb hinaus, für den er formuliert wurde, eine gewisse Berühmtheit erlangte, hat, um mit den Worten eines anderen Dichters zu sprechen, „auf mich immer die Wirkung eines Gottlosen gemacht, der sich für Gott ausgibt“. – Ja, das ist die Erhabenheit, die man sich ins eigene Gesicht schminkt ... Und denkt man daran, welche unmöglichen Positionen eingenommen werden müssen, um das Lächerliche in den Blick zu bekommen, ja um es überhaupt eines Blickes zu *würdigen*, dann ist klar, daß es mit der Erhabenheit des Sprechers nicht weit her sein kann. Deshalb ist die Frage nach dem Standort, von dem aus gesprochen wird, auch eine Frage nach der Identität des Sprechenden – womit wir wieder beim Thema wären.

Österreich hat seinen Ruf, ein Operettenstaat zu sein, nicht zu Unrecht. Das Lächerliche ist hier Teil der Folklore, der Opportunismus hat Tradition, ein durchaus als – bedenkt man die Gründungsgeschichte *dieses* Staates – *schicksalhaft* empfundener Opportunismus, für den besonders der *gelernte* Österreicher das größte Verständnis aufbringt. Das Ehrlose, Grundsatzlose, Korrupte wird, wo es zutage tritt, als verzeihliche Charakterschwäche abgetan. „Es ist mir passiert", heißt es dann – eine Aussage, die in Österreich schon den Großglockner der Schuldeinsicht bedeutet. Im Kleinen wie im Großen entschuldet der Verweis auf die *Umstände*, die ja immer andere hätten sein können und führt in der Folge zu einer Diskussion über die *Veränderung der Umstände*. Dann werden *die besten Absichten* bekundet, Kommissionen einberufen, Debatten geführt, Reformen in Aussicht gestellt und, wo es sich nicht vermeiden läßt, unter den *Entbehrlichen* schnell ein paar *Sündenböcke* gefunden, *damit endlich Ruhe ist* und man wieder zur Tagesordnung übergehen kann. – Das ist natürlich alles sehr vordergründig und laienbühnenhaft ausgeführt, aber es zeigt ein Muster, das sehr österreichisch ist und das man als *Rache Sigmund Freuds* an der österreichischen Gesellschaft bezeichnen kann, die darin besteht, daß Österreich oder der Österreicher *vor den anderen* sich in jeder Krise und nach jedem Zusammenbruch, wie bei einer gelungenen Patience, als *Opfer* wiederfindet. Mehr noch: Er blickt zurück und *identifiziert* sich als Opfer – so wie man nach einem Verbrechen oder Unglücksfall einen Toten identifiziert. – Womit wir beim Ausgangspunkt wären:

Bei der Gründungssituation *dieses* Staates, die der Österreicher nachvollzieht, wenn er sich in Krisen und Zusammenbrüchen als Opfer *äußerer Umstände* und als ein den äußeren Umständen Ausgelieferter *identifiziert.* Denn der Österreicher als Opfer *vor den anderen,* den es vorher nicht gab, wurde gleichsam bei der Gründung dieses Staates mitverordnet.

Aber eine Identifizierung ist noch keine Identität. Auch liegt in diesem Wiedererkennen ein Schmerz, der nicht der Schmerz des Opfers ist, für das man sich hält. Es ist der *eigene* Schmerz über eine verlorene, nicht mehr lebbare Identität, der – wenn schon nicht ins Bewußtsein – so doch über die wiederholte *Selbstidentifizierung* in die Gegenwart kommt. Dieser Identitätsverlust liegt nicht so weit in der Geschichte zurück, wie man meinen könnte. Es ist die Entscheidung des Einzelnen zum *gelernten* Österreicher, die sich solcherart erinnert.

Ein Selbstopfer gewissermaßen. Der Opferschmerz ist dem *gelernten* Österreicher nur als Lächerlichkeit faßbar. Es ist eine gespiegelte Lächerlichkeit. Ein Gelächter, das aus den Spiegeln kommt – unheimlich *im Grunde.*

Der Abgrund der umstehenden Umstände

Die „äußeren Umstände“, durch die der Einzelne ständig darin gehindert wird, *so*, *wie* und *das* zu sein, was er *eigentlich* ist, sind heute nichts anderes als die *schreckliche Gegend*, die zu beklagen der Österreicher nicht müde wird.

Die *schreckliche Gegend* ist dem Österreicher an die Stelle des Fatums gerückt. Er mag sein Schicksal beklagen, aber verändern will er es deshalb noch lange nicht, macht es ihn doch erst zu dem, was er sich *vor den anderen* ist: Zum Österreicher. Zum Staatsbürger. Zum Gezwungenen, Ausgelieferten, Ohnmächtigen – mit einem Wort: Zum Opfer.

Will der Österreicher wissen, wer er ist, befragt er das Klischee, die Ansichtskarten und Vorurteile, die über ihn im Umlauf sind. Er tut das nicht, um *sich* darin zu spiegeln, sondern weil er selbst als Österreicher *vor den anderen* ein Spiegel ist. Je besser die Spiegelung, desto höher der Wiedererkennungswert. Und: Je weniger Identität, je weniger *Eigenes*, desto besser, desto *ungetrübter* die Spiegelung.

*

Zerstörung von gewachsenen Kulturen ist Zerstörung von Identität. Das ist ein Vorgang, der überall studiert werden kann, in der europäischen Kolonialgeschichte wie bei der Gewinnung der Welt durch das technisch-wissenschaftliche Kollektiv. Durch die Zerstörung und Verunmöglichung der „eigenen Kultur“ kann das Fremde einsickern und mit ihm die Wertvorstellungen, die nichts mit dem eigenen Kulturkreis zu tun haben. Maximen, Kollektivvorstellungen, Trends und Ideologien sind die Druck- und Prägestöcke, die jene Spuren und Zeichen hinterlassen, die den Einzelnen *identifizierbar* machen und seinen Identitätsverlust kompensieren. Je weniger Identität, desto größer der Wunsch nach Zugehörigkeit, desto stärker das Verlangen, *Teil von etwas* zu sein, sich im anderen und durch den anderen zu spiegeln, um identifizierbar zu sein.

*

Dabei gilt: Je ungebrochener die Spiegelung, desto reibungsloser die Anpassung. Die erfolgt nie einseitig – also nicht nur nach außen hin, etwa als *Blendung*, sondern ist auch gleichzeitig *Ver-blendung*, was im Ergebnis bedeutet, daß der Einzelne selbst zum Klischee wird, zur Kollektivmaxime, zur Ideologie, zum Begriff – das ist der Abgrund, vor dem Nietzsche warnt, der *bodenlose* Abgrund, in den wir hineinschauen und der in uns hineinsieht und – möchte man hinzufügen – der aus uns heraussieht. Der Abgrund, zu dem wir werden, der uns erfahrbar ist, wenn wir „den Boden unter den Füßen verlieren". Der Abgrund, der wir für andere sein können. Der Abgrund, der *die anderen* für uns sind.

Das Bodenlose ist den Ausgelieferten und Identitätslosen zur Heimat geworden, all jenen, die sich, zu Recht, nur als *Opfer äußerer Umstände* verstehen.

*

Österreich *vor den anderen* – das ist eine in *die unerträgliche Gegend* gedachte Vorstellung, die nur das Bodenlose und Abgründige des Standpunktes des *gelernten* Österreichers maskiert, dessen Sog heute allgegenwärtig ist.

Wenn man hört, daß es „um nichts geht", oder besser: Daß es *im Grunde* um nichts geht, dann weiß man, *wer* zu einem gesprochen hat. – Oder wenn es heißt: „Alles ist relativ." – Ja, bitte schön. Meinetwegen. Aber wo, fragt man sich, befindet sich der Sprecher, der solches sagt, das Subjekt dieser Aussage, wenn nicht im Bodenlosen? „Alles ist relativ" ist keine Aussage und keine Meinung, sondern eine Ortsangabe. Genauer: Eine Standortangabe. Auch kennen wir dieses Gefühl der Leere in uns, des Ausgeleertseins nach Gesprächen und dem Zusammensein mit bodenlosen Menschen. Wir kennen die leeren Gesichter und die *Nichts*-Sagenden Worte. Die leeren Gesten und die leeren Versprechungen, die Leere, die in den Bildschirmen gähnt und die Leere, die von den Plakatwänden lacht. Es ist die Leere, die alles zu Zeichen macht – zu Zeichen, die *für* etwas stehen und auf etwas verweisen, das selbst nicht anwesend ist.

Im Gespräch, im Zusammensein ist es dann das Kollektiv, das aus dem Mund des anderen spricht oder es ist die *Gegend*, die wir sehen, die nur noch gerodete Landschaft ist, zu Tode kultiviertes Land, *Wüste*, Nutzraum, ein Museum, eine Bibliothek, in deren Regalen statt Bücher nur noch Karteikarten stehen. *Icons*. Ziffern und Zeichen. Überall Inventarlisten, aber kein Inventar. Das ist der *bodenlose Abgrund*, Heimat der Identitätslosen, der vor über hundert Jahren noch als *Nihilismus* geschaut wurde – freilich von Podesten und von in Jahrhunderten befestigten Standorten aus, die uns heute unerreichbar sind … Später hieß es: *Die Welt ist alles, was der Fall ist.*

Und dabei ist es geblieben.

Kritik und Lösungen

Was bisher festgestellt wurde, ist noch keine Kritik, obwohl der Österreicher – und insbesondere der *gelernte* Österreicher – es als solche auslegen und umgehend als Nörgelei abtun würde. Kritik, *wirkliche* Kritik, scheint in diesem Österreich *vor den anderen* erst gar nicht auf. Zudem ist sie unerwünscht, weil sie, den Identitätsresten des Österreichers entsprechend, immer als *Majestätsbeleidigung* aufgefaßt wird. Erlaubt und geduldet ist der Einspruch, auch der Widerspruch, wenn er aus dem Establishment kommt oder vom *erfolgreichen* Österreicher. Das erklärt die vielen Zwischenrufe der Adabeis und der *erfolgreichen* Österreicher „zur Lage der Nation", vom ehemaligen Rennfahrer, von Köchen, Zuckerbäckern, Zirkusdirektoren, Bankern oder Teppichhändlern, die alle ihren Weg in die Öffentlichkeit auf die Meinungsseiten der Zeitungen und in die Debattierrunden der Fernsehsender finden. Wer diesem illustren Club nicht angehört und sich trotzdem kritisch äußert, im schlimmsten Fall auch noch *fundamental*, wird umgehend als *Neider* oder *Wichtigtuer* ausgerufen. Das ist einer der Gründe, weshalb in Österreich eine Kritik *von unten* nicht möglich ist. – Überhaupt: In diesem Österreich *vor den anderen* gibt es kein Unten und kein Oben, nur ein *Drinnen* oder ein *Draußen*, ein Dabeisein oder Nicht-Dabeisein, öffentliche Verfügbarkeit oder Anonymität. Das Fehlen von Alternativen in diesem Land, das zur Folge hat, daß sich hier immer nur eines mit sich selbst bespricht, hat aber noch andere Ursachen, die historisch gewachsen und in der sogenannten „freien westlichen Welt" ohne Beispiel sind. Die Ausschaltung jeglicher Alternativen in allen öffentlichen Bereichen – Kultur, Verwaltung, Bildung, Wirtschaft, Medien usw., usf. – wurde vom *gelernten* Österreicher zuerst als politisches System etabliert und findet heute, da die Parteien mehr und mehr an Boden, Einfluß und an Glaubwürdigkeit verlieren, ihre Fortsetzung in ideologiefreien „Gesinnungsgemeinschaften", die nur noch dem Machterhalt verpflichtet sind.

*

Eine „Kritik zur Sache", die nicht irgendwelchen Interessen verpflichtet wäre, kennt der *gelernte* Österreicher nicht. Oft wehrt er die Kritik ab, mit dem Hinweis, daß sie „keine Lösungsvorschläge biete". Das macht sie wertlos für ihn. Lösung ist für den Gebundenen von Interesse. Sein Vorwurf ist schon ein halbes Eingeständnis, daß ihn die Kritik betrifft. Es ist aber nicht die Aufgabe der Kritik oder des Kritikers, Lösungen vorzuschlagen, sondern Kritik ist

> *die kunst des fachmäszigen urtheilens oder beurtheilens in sachen der künste und wissenschaften.*[3]

---

[3] *Das Deutsche Wörterbuch von Jacob und Wilhelm Grimm*, online edition, http://woerterbuchnetz.de/DWB

Oder, um mit dem Dichter Aumeier zu sprechen:

> *„Ich bin an einer Verbesserung des Falschen nicht interessiert."*

Dieses „Idiotikon" wurde nicht geschrieben, um dem *gelernten* Österreicher, der in diesem Land an den Schaltstellen der Macht sitzt und uns über die Medien die Gegenwart besetzt, „Lösungsvorschläge" in die Hand zu geben. Schon gar nicht, wenn klar ist, daß es zuallererst die Lösung vom *gelernten* Österreicher sein muß, die jeder wirklichen Veränderung der Verhältnisse in diesem Land vorausgeht.

Seit Jahrzehnten sehen wir den *gelernten* Österreicher als Experten und Reformer mit genau den Problemen befaßt, die er verursacht oder beschwiegen hat. Das gilt auch für die Medien: Sie prangern an, was sie selbst jahrelang vertuscht und ignoriert haben und profitieren so in doppelter Weise von jedem Skandal und jeder Ungeheuerlichkeit, die ans Tageslicht kommt. Und es ist nicht wenig, was in letzter Zeit an unhaltbaren Zuständen in der Politik und der Wirtschaft bekannt wurde. Das hat seine Ursache jedoch nicht darin, daß der *gelernte* Österreicher sich verändert hätte oder ein *neuer* Österreicher sich bemerkbar macht, sondern darin, daß die Machtstrukturen in diesem Land sich verändern, weil sie bei der zunehmenden Internationalisierung und Standardisierung, sprich „dem Zusammenrücken Europas", nicht mehr haltbar sind. Die Gefahr hier *zurückzubleiben* – und das betrifft auch die Formen der Korruption und des Machtmißbrauches – ist groß. Auch der Machtmißbrauch unterliegt Normen – *was* geht und *wie* es geht, es gibt Formen *der Volksschädigung*, die Saison haben. Was heute „machbar" ist und ganz „normal" und selbstverständlich, ist morgen schon unverzeihlich und ein „No-go", wie es neuerdings so schön heißt – eine Sackgasse.

Der *gelernte* Österreicher, der nicht nur ein Identitätsräuber und Identitätsverunmöglicher ist, ist ein Schädling par excellence. Er parasitiert an den Hervorbringungen, den „Leistungen" und der Existenz *anderer*, ohne selbst etwas hervorbringen zu können. Seine „Leistung" besteht in der Verwaltung und im Verbrauch der Menschen, die er „verwaltet" und durch die Wirtschaft verbrauchen läßt. Der „Machterhalt", der aus der Anmaßung und der Unfähigkeit hervorgegangen ist, ist bei ihm eine Existenzfrage. Deshalb ist für ihn auch die Anpassung, wenn sich die Zeiten und Normen des „Machbaren" und der „Volksschädigung" ändern, unabdingbar.

Jeder Österreicher, der kein *gelernter* Österreicher ist und sich dem *gelernten* Österreicher nicht dienstbar machen will, ist deshalb gut beraten, genau hinzusehen, „wer spricht", ehe er sich engagiert oder an Veränderungen glaubt, die am Ende keine sind.

Der *gelernte* Österreicher hat, um wirkliche Veränderungen zu verhindern – und die einzige *wirkliche* Veränderung wäre, den *gelernten* Österreicher aus allen öffentlichen Ämtern zu entfernen und sein Wirken unmöglich zu machen –, eine *Verdrängungskultur* entwickelt, bei der jede Aufarbeitung, jede Klärung dazu benutzt wird, eine *grundsätzliche* Aufarbeitung oder Klärung zu verhindern und zu verunmöglichen.

Es sind die immergleichen Gesichter, die uns von Veränderungen erzählen; die immergleichen Zeitungen, die immergleichen Kommentatoren, die immergleichen Kritiker. Es sind jene, die uns schon bewiesen haben, daß durch sie keine Veränderung möglich ist, ja mehr noch, daß sie selbst, durch die Zuständigkeit, die sie sich anmaßen, Teil des Systems und der Verdrängungskultur sind, die dort beginnt, wo sie den Mund öffnen, damit kein anderer, der sich nicht in der Anpassung bewiesen hat und kein *gelernter* Österreicher ist, zu Wort kommt.

Was immer sie auch vorbringen, gutgemeint oder nicht, es ist das Establishment, das sich uns als Alternative verspricht.

Raunzen, Klagen, Lästern, Schimpfen

Gern beklagt sich der Österreicher, während um ihn herum die Welt zugrunde geht, über die *Gegend*, obwohl er von sich als *Gegend* nichts wissen will. Wie heißt es doch:

Der Knecht singt gern ein Freiheitslied
Des Abends in der Schenke:
Das fördert die Verdauungskraft
Und würzet die Getränke.[4]

Das Freiheitslied des Österreichers ist die Klage. Freilich, eine Klage ohne Schmerz. Eher ein Leiden. Der Singsang des chronisch Unzufriedenen, der an den Verhältnissen leidet, manchmal gesteigert zu dem hysterischen Lamento des Hypochonders, der zwar von seinen eingebildeten Krankheiten, nicht aber von seiner Hypochondrie geheilt sein will.

*

Das *Raunzen*, das in Österreich seine Heimat gefunden hat, ist eine Mischung aus Klage und Anklage, Vorwurf

---

[4] Heinrich Heine (1767–1856), aus „An einen politischen Dichter"

und Selbstmitleid, Wehmut und Beschwerde. Es zählt mit zu den unerträglichsten Ausdrucksformen des Weltschmerzes. Es ist das Besserwissen des Ohnmächtigen und das im Flüsterton vorgetragene Rechthaben des Machtlosen, nörgelnd und meinend, wehleidig und böse. Der *Gegend* in den Rücken gesprochen. Zersetzend und anonym. Ein Raunen eigentlich, *zischelnd*, beschwörend, infam. Es ist das Gerücht und die üble Nachrede. Das Kleinreden und Schlechtmachen. Das Neiden. Die Unterstellung. Die Lust am Untergang – nicht am *Untergehen*, sondern am Untergang *der anderen*. Und nicht zuletzt: Die Selbstverquälung.

Wo der Österreicher *raunzt*, spricht er als Subjekt, das er ist, als Unterworfener. Hier atmet er aus. Das *Raunzen* ist der Pestatem, der seine Fahne bewegt. Liebgewonnen und gepflegt vor allem in der Hauptstadt, wo dieses *Raunzen* an der Bevölkerung physiognomisch faßbar ist, an den freudlosen, erschöpften Gesichtern, die einem überall begegnen, den unschönen Menschen, der Verkommenheit, der Unfreundlichkeit und ostentativen Unhöflichkeit, wie sie von Kellnern und beamteten Auskunftspersonen vor allem den Einheimischen gegenüber kultiviert wird.

*

Wie das Lächerliche zum Komischen, das *Raunzen* zur Klage, so verhält sich das *Schimpfen* zur Kritik. Im Regionalen wird *geflucht*, im Kleinstädtischen *gejammert*, in der Provinz *geduldet* und in der Metropole *geraunzt*.

Besonders im Wienerischen haftet dem *Schimpfen* der Nimbus des *Echten,* des *Authentischen* an und ohne Zweifel hat sich hier eine eigene *Schimpfkultur* entwickelt, über deren Ursprünge Sie ein Schimpfkulturforscher – unter den Germanisten findet sich bestimmt einer – genauer unterrichten kann.

Das *Lästern* über und *Ausrichten* von Personen stellt eine Mischform zwischen *Schimpfen* und *Raunzen* dar – destruktiv, hinterhältig, Ausdruck höchster Niedrigkeit, findet es sich eher im gehobenen Milieu und ist bei Vertretern des *offiziellen Österreich* gebräuchlich, vom kleinen Beamten aufwärts bis zu den höchsten Ämtern im Staat und natürlich in der sogenannten Medienszene, im Bankenwesen – mit einem Wort: Bei Menschen, die für dieses Land *repräsentativ* sind. Selten nur dringen Äußerungen dieser Art an die Öffentlichkeit, meist fallen sie im privaten Umfeld, bei inoffiziellen Anlässen. Daß das Gemeine und die Niedertracht diesen Menschen – ganz im Gegensatz zu ihrem *Bild* in der Öffentlichkeit – aber selbstverständlich ist, wird immer wieder durch sogenannte „freudsche Versprecher" sichtbar, spätestens aber dann, wenn sie angegriffen werden. Die gelebten, *selbstverständlichen Umgangsformen* lassen sich nicht verleugnen. Auch nicht die Herkunft. Auch nicht das Niveau, das zu leben man sich entschieden hat – und ich sage das nicht wertend, sondern ortend.[5]

---

[5] Hierzu paßt eine schöne Beobachtung aus dem Roman „Deadwood" (1986) von Pete Dexter: „Es war nicht das erste Mal, dass Charley hörte, dass einem Mann der korrekte

Die menschlichen Niederungen, die dabei zum Vorschein kommen, sind sprachlich den Tiefen der Vorstädte verwandt, dem einfachen Milieu, in dem das *Schimpfen* noch Tradition hat, die verbale Attacke *direkt* vorgebracht wird und die Aggression, sei es als Notwehr, sei es als Übergriff, dem Gegenüber ins Gesicht geschleudert wird. Je brutaler, desto besser. Je drastischer, desto vernichtender. Hier kennt die Kreativität des Österreichers – und insbesondere des Wieners – keine Grenzen. Hier ist er *Original.* So einer nicht glauben will, daß Worte heute noch Wirkkraft besitzen, lasse er sich einmal von einem Wiener Vorstadtbewohner beschimpfen. Gelegenheiten dazu finden sich immer, der Straßenverkehr ist besonders zu empfehlen – als Autofahrer oder, falls man keinen Führerschein besitzt, als Fußgänger beim einfachen Überqueren von Straßen an dafür nicht vorgesehenen Stellen. Dieses *Schimpfen* erschöpft sich nicht in den üblichen *Four-Letter-Words*, der Fäkalsprache oder den europäisch fixierten Analanalogien. Es ist der Landschaft des *Simplicissimus* verwandt, der Derbheit altdeutscher Trinklieder, Sprache der Gosse, deftig, brutal, durchmischt mit jüdischem Witz und slawischen Verwünschungen, gekeltert in den Schandmäulern troglodytischer Hausmeister und Hausmeisterinnen, wie sie Doderer beschrieben hat, die Strizzis und Branntweiner, wie sie H. C. Artmann noch erlebt hat, Typen, die es heute so nicht mehr gibt.

Gebrauch der englischen Sprache abhanden kam, wenn er trank. Es war ein Zeichen von erzwungener Schuldbildung."

Dieses *Schimpfen*, wiedergekäut und nachgeahmt von studentischen Spaßbürgern und spießbürgerlichen Karrieristen, von Entertainern und Kabarettisten, die als intellektuelle Alleinunterhalter im Kollektiv Karriere machen, indem sie ihrer Proletenhaftigkeit und den vulgären Abgründen in sich, zum Gaudium des Publikums, eine Bühne bieten, ehe sie dann beginnen, Kulturglossen zu schreiben, im staatlichen Rundfunk Büchersendungen zu moderieren und Literatursendungen zu gestalten, hat sich seine Kraft, wenn auch nicht seine Originalität bewahrt. Es kommt einem tätlichen Angriff gleich, ist aber nur zur Drohung geballte Aggression.

Allgemein gilt: Alles, was *Gegend* ist, verdient es auch, beschimpft zu werden (weil es *nur* Gegend und nicht Landschaft ist).

*

Raunzen und *Schimpfen* sind das Plaisir der Machtlosen. Sie sind das Belüftungssystem der *österreichischen Seele*. Sie ersetzen die Kritik und helfen mit, dieses Österreich *vor den anderen* zu ertragen.

Der *gelernte* Österreicher genießt die *Verlächerlichung* seines Landes, die Selbsterniedrigung, die Selbstbeschimpfung, wie er sie in Büchern und Aufsätzen der „etablierten" *österreichkritischen* Autoren findet, die von dem Ungenügen des zur *Gegend* verkommenen Österreichs profitieren. Bewußtseinslos spricht der *gelernte* Österreicher die furchtbarsten Wahrheiten und übelsten

Nachreden aus, die über ihn als Österreicher und sein Land in Umlauf sind. In diesem Genuß der Erniedrigung ist der Österreicher Voyeur und Exhibitionist zugleich. Die Erniedrigung dient ihm zur Selbsterhöhung. Schon der Umstand, *daß er gemeint ist*, zeichnet ihn aus.

Diese Lust des Bürgers, das laut zu deklamieren und zu *skandalisieren*, was eine Wahrheit sein könnte, ist in Österreich kultiviert. Der Bürger wie der *gelernte* Österreicher zieht die *Erregung* der Veränderung vor. Der *Skandal* wird, zumindest was die österreichische Kunst und Kultur betrifft, noch als Mittel der Aufklärung mißverstanden, das *per se* gutzuheißen ist.

Kritik ist das freilich keine.

Das zeigt sich auch daran, daß, ist die Aufregung vorbei, alles beim Alten geblieben ist.

Sprechen, Sprache

Die Sprechkultur des Österreichers ist eine gestische. Während er beredt die *Gegend* bespricht, verweist sein Sprechen in die *Landschaft,* die nicht *da* ist, zeigt vom Sprecher, der *umständehalber* als Realie *vorübergehend* selbst zur *Gegend* geworden ist, in die Weite der Welt hinaus, wo sich verbirgt, was er *eigentlich* zu sagen hätte.

Deshalb ist sein Sprechen, solange es im Inoffiziellen geschieht, oft ein Aufbegehren gegen jeden und alles, das ihn nur *Gegend* sein läßt.

Im Öffentlichen kommt eine Art zu sprechen zur Anwendung, die als die offizielle österreichische Sprache bezeichnet werden kann: Es ist das sogenannte *Amtsdeutsch*[6] – ehemals eine Verwaltungssprache, heute „ge-

---

[6] Im 18. Jahrhundert versuchte Joseph II. die deutsche Sprache als allgemeine Amtssprache durchzusetzen. Joseph von Sonnenfels, Professor für Deutsche Sprache an der Universität Wien, setzte für das Unternehmen mit seinem 1784 veröffentlichten Buch *Über den Geschäftsstil: Die ersten Grundlinien für angehende österreichische Kanzleybeamten* die Maßstäbe. Es wurde zum Standardwerk und hatte zum Ziel, die Sprache der Verwaltung so zu normieren, daß sie überall im großen Vielvölkerstaat einheitlich gehandhabt würde. Dabei war ihm nicht an der Schaffung einer einheitlichen deutschen Standardsprache gelegen, wie vielen Kollegen seiner Zeit, sondern allein an der allgemeinen Verständlichkeit der Sprache der staatlichen Verwaltung.

hobene“ Umgangssprache, die sich dem Standarddeutschen andient und bemüht, jede dialektale Herkunft, jede Mundart zu vermeiden, was in den seltensten Fällen gelingt.

Es gibt aber, etwa in Wien, auch den umgekehrten Fall, wenn der im gutbürgerlichen Schnöselmilieu Aufgewachsene sein Gegenüber seine Herkunft vergessen machen will. Das näselnde, stets überheblich klingende Schönbrunnerdeutsch wird dann durch eine Art Dialektmimikry ersetzt, die sich immer des Ordinären und „tiefsten“ Dialekts bedient, um *echt* zu klingen.

Ein Österreicher, der sich des ehemaligen *Amtsdeutsch* bedient, kann nicht frei sprechen und sich nicht sprechen lassen, ohne *aus der Rolle zu fallen*. Dann sehen wir den Österreicher „schön sprechen“ – bemüht, umständlich, verhalten. Er erinnert an ein Kind, das vor dem Lehrer steht und etwas *aufsagt* oder an einen Schüler, der zum Direktor zitiert wird – es ist das gehemmte Sprechen *vor* einer Autorität. Darum ist es nicht abwertend gemeint, wenn wir beim Österreicher heute noch eine gewisse *Untertanenmentalität* feststellen, die, zumindest in seinem Sprechen, überdauert hat.

Das gilt auch für seine Art des Aufbegehrens, des Widerstandes, der sich hier – abgesehen vom *Raunzen* und *Schimpfen* als Kritikersatz, der sich an der *Gegend* abarbeitet – als Sonderform entwickelt und erhalten hat, nämlich seine *Renitenz*.

Renitenz und Beamtentum

Das *Raunzen* entspricht dem Selbstgefühl des Österreichers, nicht aber seinem Selbstverständnis. Dazu ist zu sagen: Wo bei anderen der Stolz sitzt, da hat der Österreicher seine *Renitenz*. Das ist ein Trotz, der nicht deklamiert wird und sich quasi lautlos vollzieht. Ein Trotz, bei dem der Einzelne auf den geballten Unwillen des Österreichers trifft, der mehr als nur *Gegend* sein will, obwohl er nur Gegend *ist*. Übt sich ein Österreicher in *Renitenz*, dann ist er im Privaten *mürrisch*, im Offiziellen hingegen *borniert* – diese Borniertheit, wie sie besonders von staatlichen Dienstleistern und österreichischen Beamten gepflegt wird, ist ein Kulturgut, dessen Wurzeln bis in die Kaiserzeit und die Monarchie zurückreichen, in der die Beamten eine eigene Kaste bildeten, angesiedelt zwischen Bürgertum und Adel, kein wirklicher Stand, aber doch eine eigene Klasse, ohne eigene Kultur, sieht man von der Kultivierung des Verwaltungsapparates und den gemeinsamen Gewohnheiten, die so ein Beamtenleben mit sich bringt, einmal ab.

Man muß sich nur die Masse an Beamten vorstellen, die dem kleinen, für diese Unmenge viel zu kleinen österreichischen Staat nach dem Zusammenbruch des Vielvölkerstaates zugemutet wurde, und es wird klar, wie *prägend* diese Klasse für das spätere Österreich und das Selbstverständnis der österreichischen Bevölkerung wurde.

Prägend wurde auch ihre Erfahrungswelt: Die Erfahrungswelt des Beamten, der Macht *stellvertretend* ausübt und sein Leben, ameisenhaft in einem Bau zubringt, in Büros und engen Korridoren, mit den immergleichen Akten, den immergleichen Verfahrensweisen befaßt, mechanisch, grau, das „Rädchen in der Maschine", unbedeutend, austauschbar, aber *in seiner Funktion* unverzichtbar. Es ist eine Erfahrungswelt, in der persönliches Schicksal, Eigenart, Eigenständigkeit – wie überhaupt alles Eigene, so es nicht zur Behübschung dient – nur Störung sein kann und das Individuum im besten Fall ein Neutrum darstellt, das seinen Zuständigkeitsbereich zugewiesen bekommt – wie ein Tier seinen Käfig, wo es, fremdbestimmt, im Vollzug vorgefertigter Verfahrensweisen, den Rest seines eintönigen Arbeitslebens verbringt.

Der österreichische Beamte, der das heutige Österreich so nachhaltig geprägt hat, daß schon von einer *Beamtenrepublik* die Rede war, unterscheidet sich nach Herkunft, Status und Auffassung des Amtes grundlegend von Staatsdienern anderer Länder. Als bürokratisch vorbildlich könnte man die preußisch-protestantische Variante des Beamten bezeichnen. Kennzeichnend ist die Pflichterfüllung, eine Korrektheit, die sich auf die gesetzlichen Rahmenbedingungen und Verfahrensweisen bezieht. Hier ist der Ermessensspielraum klein oder er wird kaum genutzt, wodurch der Vollzug, in Fällen, wo Augenmaß und Toleranz gefordert wären, schnell ins Unmenschliche tendiert. Die Korrektheit ist der Distanz geschuldet, zwischen Sache und Person wird streng unterschieden. Sachlichkeit hat Priorität.

Für *Renitenz* bleibt da kein Platz. Auch nicht für die Demut.

Für den österreichischen Beamten hingegen ist korrekte Pflichterfüllung oder „Dienst nach Vorschrift“ gleichbedeutend mit *Renitenz*. Ein borniertes, herablassendes Verhalten *Beamtshandelten* gegenüber ist selbstverständlich und gehört, als Überbleibsel ehemaligen Klassenbewußtseins, heute noch zur Grundauffassung des Amtes.

Dabei wird auch der *Ermessensspielraum* extensiv genutzt: Freundlichkeit und unbürokratisches Verhalten gelten als *Gunstbezeige* und werden als Ausdruck des Wohlwollens aufgefaßt. Sie sind „im Umgang mit den Parteien“ die Ausnahme, jedoch „nach oben hin“ die Regel. Nicht die Pflicht ist das Maß, sondern der Gehorsam. Und der *freiwillige Gehorsam*, der nichts anderes als ein *vorauseilender Gehorsam* ist, gilt als ein Ausweis von *Tüchtigkeit*.

Durch den Gehorsam ist der *gelernte* Österreicher gleichsam jeder Pflicht enthoben.

Schöne Nachrede

Wien ist der Doppelkopf, der mit seinem imperialen Gepräge noch aus der *Landschaft* in die *Gegend* ragt, aus der Monarchie in die Republik. Wien ist der Doppelkopf, der die Vorstellung des *gelernten* Österreichers von der *österreichischen Kulturnation* be-hauptet. Dort wird die Nachrede der *schönen Landschaft*, die Österreich gewesen sein soll, am wehmütigsten zelebriert. In dieser *schönen Landschaft* liegen auch die Werte versunken, die dem *gelernten* Österreicher in *der Gegend* nur ein Lippenbekenntnis sind, und mit ihnen *das Wahre* – das *wahre Österreich*, der *wahre* Österreicher, der in der Gegend nur ein *gelernter* Österreicher sein kann, nichts anderes. Schuld ist die Gegend. Schuld sind die Umstände. Er muß sich arrangieren … „Man muß sich arrangieren", heißt es dann. Aber das ist nur ein anderes Wort für die Anpassung, die zu Lasten des Eigenen geht.

*

Der *gelernte* Österreicher ist die nationale Ausformung des Kollektivmenschen, der per se identitätslos ist. Ihm ist *nichts wirklich*, weil er selbst nicht wirklich ist. Er ist nur *real*. Und weil er „nur real ist", ist ihm *alles relativ* und vorläufig. Das ermöglicht eine Rücksichtslosigkeit, im Übergriff auf die Welt und in der Zerstörung von Wirklichkeiten, die ihm erst gar nicht bewußt wird. Ist nicht alles relativ? – Dann kann es nicht so schlimm sein …

… dann kann es aber auch nicht so gut sein. Oder so schön. Oder so wahr. Denn es ist nur relativ. Oft hört man: „Die Wahrheit ist relativ" – was bedeutet das? Gehört es nicht zum Wesen der Wahrheit, daß sie *wahr* ist und eben deshalb *nicht* relativ? – Eine Wahrheit, die relativ ist, ist keine Wahrheit. Was relativ ist, ist die Wahrnehmung oder die Auffassung der Wahrheit. Deshalb kann auch niemand „im Besitz der Wahrheit" sein, sondern wir können nur, mehr oder weniger, Anteil an der Wahrheit haben. Oder wie es heißt: „In der Wahrheit sein."

Was also sagt jemand, der behauptet, daß die Wahrheit nur relativ sei? – Er sagt, daß die einzige Wahrheit, die es gibt, die des Subjektes sei. Er sagt, die Wahrheit sei *subjektiv*. Mit anderen Worten: Das Subjekt sagt: „Ich bin die Wahrheit – und eine andere Wahrheit, außerhalb von mir, gibt es nicht." – Und das klingt jetzt schon gar nicht mehr *relativ*.

Was für die Wahrheit gilt, gilt auch für das Schöne oder das Gute und für jeden *Wert* – er ist mehr, als das Subjektive fassen und zur Gänze spiegeln kann. Der *gelernte* Österreicher muß jeden Wert relativieren, um ihn sich als Wirklichkeit fernzuhalten.

Hier in Wien wie überall.

Schön sind in Wien vielleicht die Stimmung oder die Fassaden, *schön* sind im Sommer die Rosen im Volksgarten oder zur Weihnachtszeit die Lichterdekoration am Graben, *schön* ist ein Konzert der Wiener Sängerknaben in der weihrauchgeschwängerten Hofkapelle, der Opernball oder die Mette im Stephansdom – wenn man das mag –, aber ein Mensch, als Einzelner, ein *schöner Mensch* ist in Wien nicht zu finden. Und wenn, dann ist er allerhöchstens *fesch*. Und als Substantiv – schon leicht abwertend: Ein *Feschak*. Ein *Feschak* ist kein schöner, sondern ein modischer Mensch – ein *Fashionier*, wenn Sie so wollen, oder besser noch: Ein *Saisonier*. – Nein, schöne Menschen gibt es hier nicht und wenn es sie gibt, sind sie nicht zu sehen. Masken von Schönheit sieht man allenthalben, auch kann man das Schöne in den verschiedenen Verpuppungsstadien entdecken. Trifft man in Wien auf einen schönen Menschen, kann man sicher sein, daß es sich dabei entweder um einen Durchreisenden handelt oder um einen, der noch nicht lange in der Stadt lebt. Wien hätte ihm die Schönheit sonst schon ausgetrieben. Vielleicht hängt das mit den Gebäuden zusammen, der Veräußerlichung, dem Renommieren, das alles Schöne, Gesunde, Kraftvolle und Heitere aus den Gesichtern und von den Straßen wischt und in die Museen und Prunkbauten aus vergangenen Zeiten saugt, in die Vorzeigegesichter und Vorzeigebauten, in die Kapuzinergruft und nach Schönbrunn, um dort den Glanz des Abgelebten zu erhalten. Jeder *schöne Mensch* – und das gilt auch für die Kinder – wird das spüren, wenn er sich in Wien offen *zeigt*. Eine Gefährdung, die sich nicht festmachen läßt, eine Bedrohung, die nicht sichtbar wird. *Schön* ist hier nur die *Landschaft* und das, was in sie verweist. Die *verlorene Landschaft*, an die keine Gegend je heranreichen kann. Das *wahre Leben*, das so viel besser war, als es das *gegebene* ist, wodurch jeder, der diesen Glaubenssatz verinnerlicht hat – und das gehört zur Grundausstattung des *gelernten* Österreichers –, *zwangsläufig* lebensfeindlich ist. Es ist die Behauptung von Größe, welche die Menschen zur *Gegend* verbraucht. Und so hat der Österreicher, allen voran der *gelernte* Österreicher, anstatt der Lebensfreude seine *Schadenfreude* – und das ist auch eine Gemütlichkeit.

Alles Schöne oder Gute, jeder Ansatz von Würde oder Redlichkeit, jeder *gelebte Wert*, wo er sich unverhohlen an einem Menschen zeigt, erzeugt eine schlechte Nachrede, die der Betroffene nicht lange unversehrt übersteht.

Schließlich: *Die Gegend* – das ist nichts anderes als die zur Nachrede verkommene Landschaft.

II.

Herkunft

Und er ließ einen Komödianten herrschen
wegen der Sünden des Volkes.

Hiob (34, 30)

Landschaftspflege

Der eigenständige österreichische Staat, die erste wie die zweite Republik sind jeweils aus dem Zusammenbruch eines größeren Reiches, dem Österreich angehörte, hervorgegangen. Dieser „Ursprung" wirkt bis heute nach und ist im Österreicher durch sein Verhältnis zu *Landschaft* und *Gegend* allgegenwärtig – in seinem *Selbstbild* wie in seinem *Selbstgefühl*. Das Untergegangene wird idealisiert und indem sich der Österreicher ihm zurechnet, „so, wie er eigentlich ist", idealisiert er sich selbst. Das macht ihn anfällig für „große Ideen". Er sucht die Zugehörigkeit zu größeren Zusammenhängen, um sein Ideal – und damit sich selbst, „wie er eigentlich ist" – Wirklichkeit werden zu lassen. Im übrigen: Das *Deutsche Reich* war kein Reich, sondern der großflächige Versuch der Etablierung einer *Monokultur* mit militärischen Mitteln unter deutscher Verwaltung. Nicht ein Reich, sondern ein Staat sollte etabliert werden. Sieht man von den Mitteln zur Durchsetzung und der tatsächlichen Umsetzung ab, war dieses Ziel durchaus zukunftsweisend. *Fortschrittlich* war dieses Reich in jedem Fall – sowohl in seinem Verhältnis zum technisch-wissenschaftlichen Kollektiv als auch in seinem *Menschenbild*, das den Einzelnen vor allem als Kapital sah, als „nützlichen Idioten", der zu verbrauchen und möglichst optimal zu vernutzen ist. Es ist die Art der Umsetzung, die uns heute entsetzt, es ist die Wahl der Mittel, die uns heute empört, aber nicht das Denken, das dahintersteht. Im Gegenteil: Es ist ein Denken, das uns heute selbstverständlich geworden ist, obwohl es dem Barbarismus allenthalben Tür und Tor öffnet, freilich in einer Variante – man könnte auch sagen, man hat aus den Fehlern der Vergangenheit gelernt –, die *das Offensichtliche* scheut, das Blut und die Uniformen. Die Ausmerzung, die Zerstörung von Kultur und die Verunmöglichung von Eigenart zur Etablierung der *Monokultur*, wird auf einer anderen Stufe durchgesetzt, die Durchbildung ist umfassender, die Anpassung zwingender, die Mittel sind diffiziler. Das Denken aber ist dasselbe: Es ist das Kalkül, das sich anmaßt, das Leben zu verrechnen. Es ist bis heute nicht als *verbrecherisch* benannt. Es ist etabliert und die Grundlage unseres Systems.

*

Bei der Frage nach der österreichischen Identität ist entscheidend, ob wir von Österreich als einem Staat, einer Nation oder einem Nationalstaat sprechen. Nation bezeichnet ursprünglich Gemeinsamkeit der Sprache, Tradition, in Sitten, Gebräuchen oder durch Abstammung, also in Herkunft und Kultur. Staat bezeichnet ein begrenztes Territorium, das eigengesetzlich regiert und verwaltet wird. Nur im Nationalstaat fällt das Staatsgebilde mit dem Begriff der Nation zusammen. Gesetze und eine eigenständige Verfassung genügen also, um einen Staat zu definieren. Die kulturelle Gemeinsamkeit war im „Staat Österreich" bei seiner Gründung entweder nur regional gegeben oder sie machte nicht an den Staatsgrenzen halt. Das Problem war, daß es diesen „österreichischen Staat" gab, der aus „dem Reich" hervorgegangen war, aber keine „österreichische Kultur", die diesem Staat zuzurechnen war. Die Schaffung einer österreichischen Kultur war deshalb von Anfang an erklärtes Ziel jeder Regierung. Dahin ging ja auch die Sehnsucht des Einzelnen: Der Wunsch nach Identität – und mithin Unverwechselbarkeit – spiegelt sich in dem Bedürfnis nach nationaler Identität. Und diese Unverwechselbarkeit findet in der Kultur ihren Ausdruck. Doch der Staat kann keine *Kultur schaffen*, das kann nur der Einzelne, der, wie es heute heißt, *Kulturschaffende.* Gemeint ist der schöpferische Mensch: Der Dichter, Künstler, Maler, Komponist. Der Umstand, daß viele *bedeutende* Künstler an Orten, die heute dem Territorium des österreichischen Staates zugerechnet sind, gelebt und gewirkt haben, macht sie für den *gelernten* Österreicher zu österreichischen Künstlern. Darauf beruht auch der Anspruch Österreichs, eine *Kulturnation* zu sein – er ist unbegründet. Oder, wenn man großzügig sein will: Ein Mißverständnis.

*

Kultur läßt sich in diesem Zusammenhang auf zweifache Weise aussagen. In Bezug

- auf *die Hervorbringung* – damit sind dann die Kunstschaffenden gemeint – oder
- auf *das Verhältnis*, das man zur Kultur und zu den Kunstschaffenden hat.

Der *gelernte* Österreicher ist sichtlich bei jedem Anlaß und jeder sich bietenden Gelegenheit bemüht, sich in ein Verhältnis zur Kultur im allgemeinen und den Kunstschaffenden im besonderen zu setzen. Er *besitzt* Kultur[7], wie man an den Museen und Galerien und diversen Veranstaltungen sehen kann. Die *Kulturförderung* ist ihm ein Anliegen, wie er betont, und doch ist es so, daß die bedeutendsten Werke in diesem *neuen Österreich*, das aus den Trümmern des Zweiten Weltkrieges entstand, explizit *gegen* dieses *neue Österreich* und den *gelernten* Österreicher geschaffen wurden – und diese Gegnerschaft war nicht ohne Preis: Verhöhnung, Verspottung, tätliche Angriffe und Beschimpfungen mußten dafür in Kauf genommen werden, Isolation oder, wenn es schlimm kam, ein völliges Verschweigen. Gewiß, der *gelernte* Österreicher war damals ein anderer,

---

7 Was hier über die Kultur gesagt wird, gilt auch für die traditionelle und sogenannte „Volkskultur“. Wo sie „gepflegt wird“, ist sie entweder leblose Reprise oder Teil der Unterhaltungsindustrie.

als er es heute ist, er hat dazugelernt, er ist ein *dazugelernter* Österreicher geworden, das ist „ein sich selbst die Aufgeklärtheit glaubender“ Österreicher, doch in diesem Selbstglauben unterscheidet er sich nicht vom alten Österreicher, und die Kunst und Kultur, die er *heute* hochhält wie einen Schild, sind genauso angemaßt wie damals. Er hat sie immer hochgehalten, *gegen* das, was wirklich bedeutend war und bedeutend wurde.

Der Pöbel hat sich nie zu denken unterwunden,
er sucht die Wahrheit nicht und hat sie doch gefunden;
sein eigner Beifall ist sein bündigster Beweis,
er glaubet kräftiger, je weniger er weiß.[8]

Und dabei ist es geblieben.

Am Nullpunkt

Es ist merkwürdig: Wenn man mit Menschen über „die Zeit nach dem Krieg“ spricht – und viele gibt es ja nicht mehr, mit denen man darüber sprechen kann –, stößt man auf zwei ganz unterschiedliche Ansichten. Die einen sprechen von der „schlimmsten Zeit“ ihres Lebens – und das entspricht auch der Auffassung des *gelernten* Österreichers –, die anderen – und das ist freilich die Minderheit – von der „glücklichsten“.

---

8 Albrecht von Haller (1708–1777), Gedanken über Vernunft, Aberglauben und Unglauben

Österreich 1945: Ein Leben in Ruinen. Es mangelt an allem: Nahrungsmitteln, Kleidern, medizinischer Versorgung. Eine Infrastruktur ist kaum vorhanden, der Schwarzmarkt blüht, der Schleichhandel, es gibt viel Arbeit, aber kaum Geld. Täglich muß man sich das Nötigste *organisieren*. Die Besatzungsmächte sind, was sie sind: Fremde, die das Sagen haben und mit denen man sich arrangieren muß. Sieger. Die Bevölkerung leidet Hunger und lebt in Armut. Der Krieg ist verloren, die Zukunft ungewiß, der Zusammenbruch vollkommen. Verständlich, daß, wer dies erlebt hat, von einer „furchtbaren Zeit" spricht, auch wenn das impliziert, daß er die Lager und Gefängnisse der Nazis nie kennengelernt hat. Oder die Front.

„Glücklich" konnte in diesen Ruinen nur jemand sein, der unter dem Regime und der Unfreiheit davor gelitten hatte.[9] Oder dem Krieg. Menschen wie der Dichter H. C. Artmann, der einmal bemerkt haben soll, er hätte zu schreiben begonnen, aus dem Glücksgefühl heraus, daß der Krieg vorbei und er noch am Leben gewesen sei. Ihnen ist der Zusammenbruch eine Befreiung. Dem *gelernten* Österreicher nicht. Er muß wieder einmal *umlernen*. Und er muß sich neu orientieren. Auch deshalb sind für ihn die Zeiten schlecht. Als Mehrheit ist er wieder dort angekommen, wo er vor „dem Anschluß" war: In der Krise. Genauer: In der wirtschaftlichen Krise. Nach wie vor sind seine Grund-

---

9 Die Profiteure des Elends werden hier außer acht gelassen, abgesehen davon, daß sie *per se* zum Glück nicht fähig sind.

bedürfnisse, Stabilität und materielle Sicherheit, nicht gedeckt. Und von Verhältnissen, wie sie in der Monarchie herrschten, „dem goldenen Zeitalter der Sicherheit", wie Stefan Zweig sagt, ist er weiter entfernt denn je. Die Deckung dieser Grundbedürfnisse war mit ein Grund für seinen Eintritt in das „Dritte Reich" – mehr als jede Naziideologie lockte ihn das Versprechen der materiellen Sicherheit.

Werden die Zeiten schlechter, ist der *gelernte* Österreicher immer in der Lage, *dazuzulernen*. Seine Anpassungsfähigkeit ist in der Tat erstaunlich. War ihm eben noch das Liberale verhaßt, ist es heute das Konservative. Er ist aber weder liberal noch konservativ. Er ist nicht konservativ, weil er keine (immateriellen) Werte zu bewahren, und nicht liberal, weil er (inzwischen) zu viel zu verlieren hat. Vorsichtig wie er ist, teilt er zwar die liberale Überzeugung, doch ist sein Handeln nur dort tolerant, wo es ihn nichts kostet – wo seine Behaglichkeit und Selbstzufriedenheit nicht gestört werden. Wo es ihm nicht an die Substanz geht.

Und schließlich: Ist nicht schon die Tatsache, daß er sich diese Inkonsequenz leisten kann, Ausdruck seiner Toleranz? Und ein Beispiel für die große Freiheit, die man sich in einem liberalen Staat leisten kann? – Das war nicht immer so. Es gab Zeiten, wie sich der *gelernte* Österreicher erinnert, da war für Inkonsequenz kein Platz. Da mußte man sich bekennen – in Wort und Tat. Alles andere war verdächtig. Aber auch das nahm man in Kauf, solange Aussicht auf einen *Endsieg* bestand.

Täter

Blickt der *gelernte* Österreicher jener Tage zurück, so kann er sich nur als Täter, Opfer oder Mitläufer identifizieren. Wo der Österreicher Täter war, wird er als Nazi identifiziert, wo Opfer als entweder „rassisch verfolgt“ oder als Andersdenkender. Täter waren – vor allem für die nachfolgende Generation – alle, die im Nazireich *gedient* hatten, das betrifft auch den einfachen Soldaten. Der *neue* Österreicher – und der *gelernte* Österreicher ist immer der *neue* Österreicher – ist jetzt Kriegsgegner. Nicht, weil er wirklich gegen den Krieg wäre, sondern weil er *dazugelernt* hat. Das heißt: Uniformen und Aufmarschpläne passen nicht zu seiner neuen Überzeugung – sie sind verpönt unter den neuen Herren, die *nur* der Wirtschaft verpflichtet sind. Das ist die Industrie, die den Einzelnen als Konsumenten verbraucht. Oder, wie es andere nennen: *Der Kapitalismus*. Obgleich dieser Begriff mißverständlich ist, denn es gibt nur ein Kapital, das es zu verbrauchen gilt: Den Menschen. Das menschliche Leben und seine Lebenszeit werden zu Ressourcen, aus denen sich ein System speist, das selbständig nicht lebensfähig ist.

*

Die simple Formel des *gelernten* Österreichers, der immer die Mehrheit stellt, um sich nicht als Täter zu identifizieren, lautet: Alle Täter waren Nazis, ich bin kein Nazi, also kann ich auch kein Täter sein. Und weiter *(im inneren Dialog):* Ich bin deshalb zu solchen Verbrechen, wie sie während des Naziregimes verübt wurden, gar nicht fähig.

Das ist der Zaubertrick, durch den der *gelernte* Österreicher den Österreicher als Täter zum Verschwinden bringt. Er ist damit jeder wirklichen Konfrontation enthoben, jeder grundsätzlichen Auseinandersetzung und Infragestellung. Ein solcher Umgang mit menschlichen Abgründen, der vorbildhaft wird, kann nicht folgenlos bleiben.

Wo wir mit Greueltaten konfrontiert werden, sind sie uns, in einer ersten Reaktion, immer *unverständlich.* Sie zeigen uns, *was* der Mensch sein kann und *wozu* er fähig ist. Mich, als jungen Menschen, der zum ersten Mal mit den Verbrechen der Nazizeit konfrontiert wurde, hat nie interessiert: „Wie so etwas möglich werden, wie es dazu kommen konnte", die Auflistung wie eins zum anderen führt, der Kausalzusammenhang, die Historie, die Herleitung und die Umstände – das war für mich nur Symptombeschreibung. Was mich *wirklich* interessierte, weil es mich betraf, war die Frage: „Was sind das für Menschen, die zu so etwas fähig sind?" Und: „Wo sind diese Menschen heute?" Sie können doch nicht alle von einem Tag zum anderen verschwunden sein. Wo sind diese Bestien, fragt man sich, wo sind sie untergetaucht, welche arglosen Gesichter tragen sie heute, worüber sprechen, woran glauben sie? – Daß sie da sind, daß sie immer da sein werden, darüber kann kein Zweifel bestehen. Sie warten auf ihre Stunde, auf ihre Gelegenheit. Ich spreche nicht von Verbrechern im üblichen Sinn, von Triebtätern und Perversen, die immer Saison haben, sondern von jenem Typus, der seine ganze Abnormität erst entfaltet, wenn ihm im Rahmen der Norm und der Gesetze dazu die Möglichkeit geboten wird. Schläfern, gewissermaßen.

Der *gelernte* Österreicher will an die angeborene Abnormität solcher Menschen glauben. Dadurch entschuldet er sich und den Täter (in sich) und erteilt sich im voraus die Absolution. Wahr ist, „kein Mensch wird als Verbrecher geboren“. Die Umstände können sein Aufkommen begünstigen oder behindern, aber sie zwingen ihn nicht. Die Bestien, das waren, vor und nach dem Krieg, gewöhnliche Menschen, die in der Mehrzahl nicht durch Absonderlichkeiten oder krankhafte Neigungen auffällig wurden. Sie erscheinen, wenn sie gebraucht werden, und wenn ihre furchtbare Arbeit getan ist und sie nicht gefaßt wurden, kehren sie wieder in die Gewöhnlichkeit zurück. Ich bin überzeugt davon, daß, solange sie schlafen und sie *der Ruf* noch nicht ereilt hat, sie sich, wie der *gelernte* Österreicher, *im Grunde* für unfähig zu solchen Taten halten.

Das Böse ist nicht banal.

Es ist böse.

Anschluß

Die Leugnung der Täterschaft verdrängt die Herkunft. Für den *gelernten* Österreicher verschwand Österreich nach dem „Anschluß“ und tauchte erst bei Inkrafttreten des Staatsvertrages wieder auf.

Wo, fragt man sich, waren die Österreicher in dieser Zeit?

Das *offizielle* Österreich vertrat lange die Auffassung, daß es das *erste Opfer* Hitlerdeutschlands gewesen sei. Das mag völkerrechtlich richtig sein und ökonomisch geschickt – immerhin wurden Österreich dadurch die gefürchteten Reparationszahlungen erspart –, doch es machte *die Österreicher* nicht zu Opfern Hitlerdeutschlands. Dieses Schicksal war anderen Völkern vorbehalten. Auch kennt man die Bilder der *begeisterten* Österreicher, die den „Anschluß" hysterisch begrüßen – das sind nicht nur Nazis, die ihre Fähnchen bei den Anschlußfeierlichkeiten schwingen, sondern es ist, in der Mehrzahl, der *gelernte* Österreicher, den wir in einer seiner zahllosen Masken begegnen, in seiner *Larve*, um genau zu sein, denn er ist gerade dabei, ein *gelernter* Deutschösterreicher zu werden oder besser: Reichsdeutscher, denn Ostmarkler wäre doch zu abschätzig.

Der Österreicher als *gelernter* Österreicher – und das muß man wissen – ist aus dem Österreicher als *gelerntem* Reichsdeutschen hervorgegangen. Er ist es auch, der vom „Anschluß" profitiert. – Nein, er, der *gelernte* Österreicher, der später vorgibt, Opfer gewesen zu sein, war nie Opfer. *Er* machte Karriere. Opfer waren *die anderen*. Und das waren *auch* Österreicher. – Und in Bezug auf sie ist er – in seiner ganzen Selbstverständlichkeit – *infam*.

*

Neben der *Anpassung*, die den *gelernten* Österreicher auszeichnet, ist es auch seine *Anmaßung*. Sie ist das Mittel seiner Anpassung.

Er maßt sich dieses Österreich an, wie er sich die Vergangenheit anmaßt, die fremde Überzeugung, das Leben und das Schicksal anderer – auch die Identität jener, die er bekämpft und verunmöglicht hat.

Offenbart sich einem der *gelernte* Österreicher, in Bezug auf den Zweiten Weltkrieg, als Opfer, ist es seine *Opferanmaßung*, die offenbar wird.

Neutralität

Wenn es ein Österreich gab, das *wirklich* Opfer des Anschlusses war, so ist es das *andere* Österreich – wir können es auch das *inoffizielle* Österreich nennen. Es ist das einzige Österreich, das, wie ich finde, zur Heimat taugt. Dieses Österreich *gab* es, soviel ist gewiß: Lebensläufe und Biographien, die von Widerstandsgeist und Ethos geprägt sind, schöpferischer Kraft und Mut, dem Souveränen und der Originalität verpflichtet, *andere* Österreicher und ein *anderes* Österreich, das auch seine Blütezeit hatte, meist kurz nach den Zusammenbrüchen, in der Zwischenkriegszeit oder nach dem Zweiten Weltkrieg, wo zwischen den Trümmern und in den Ruinen noch etwas wachsen durfte, für das nicht gleich wieder jemand von Staats wegen *zuständig* war, etwas, das über die eigene Existenz und das eigene Fortkommen hinaus lebenswert schien – aber dieses *inoffizielle* Österreich wurde letzten Endes immer, sobald das *offizielle* Österreich Fuß gefaßt und sich etabliert hatte, von dem *offiziellen* Österreich in den Boden gestampft, verdrängt und vernichtet, in unerreichbare Höhen gelobt oder dem Vergessen anheimgegeben. Denn es gibt nichts Furchtbareres, als von den Falschen vereinnahmt und dadurch *unschädlich* und *unwirksam* gemacht zu werden – das ist der Triumph des Mittelmaßes, der auch immer ein Triumph der Qualitätslosigkeit ist. *Deshalb* ist dieses Österreich ein *neutrales* Land. Nicht als Ausdruck einer Souveränität, einer Unabhängigkeit, die man sich gegenüber anderen erhalten will, sondern als Bekenntnis zur absoluten Souveränitätslosigkeit, die es einem ermöglicht, sein Fähnchen nach dem Wind zu hängen.

Mitläufer

Als Mitläufer, der er *auch* – und zwar in der Mehrheit – war, kann sich der *gelernte* Österreicher selbst nicht identifizieren. Diese Identifizierung muß *von außen* geschehen, also von jemandem, der selbst kein Mitläufer ist, wie es etwa Helmut Qualtinger in seinem Monolog „Der Herr Karl" vorgezeigt hat.

Würde sich der Mitläufer als Mitläufer identifizieren, implizierte das, daß er auch heute ein Mitläufer sein könnte. Das war der *gelernte* Österreicher aber nie – zumindest seinem Selbstverständnis nach. Daß er „nur" Mit-läufer ist, muß er seinem Bewußtsein fernhalten. Er mag zwar zugestehen, daß es damals wie heute viele Mitläufer gab, aber er sieht sich selbst nicht darunter. Er *darf* sich nicht als Mitläufer sehen – denn das würde seine Souveränität, die ja nur eine vorgestellte ist, gefährden. Er muß sich vor dieser Wahrheit bewahren und gleichzeitig in der Lage sein, sein Mitläufertum zu genießen. Und da der *gelernte* Österreicher immer Österreich ist und Österreich geworden ist, gilt das auch für das *offizielle* Österreich.

Wie ihm dies gelingt, vor sich selbst kein Mitläufer zu sein und trotzdem sein Mitläufertum zu genießen, davon war schon in den Kapiteln vom *Selbstbild* und *Selbstgefühl* die Rede. So wird verständlich, warum dem *gelernten* Österreicher Mitläufer *im Grunde* (nämlich in sich selbst) verhaßt sind – es ist eine Art Selbsthaß, der *am anderen* ausgelebt wird. Der *andere*, das sind in diesem Fall *die* Österreicher und Österreich im allgemeinen. Er schmäht es bei jeder sich bietenden Gelegenheit. Dabei kann er sich über sein eigenes Mitläufertum und das Mittelmaß, das er ist, erheben. Das ist der Genuß *des kleinen Mannes*, der er ist.

Opfer – Die Andersdenkenden

Nachdem sich der *gelernte* Österreicher solcherart seiner möglichen Herkunft als *Täter* und *Mitläufer* entzogen – um nicht zu sagen: Entledigt hat –, bleiben ihm nur noch die *Opfer* zur Identitätsableitung übrig. Daß hier eine gewisse Affinität besteht – besser: Hergestellt werden soll –, war schon bei der Wortwahl von „Österreich als erstem Opfer Hitlerdeutschlands“ zu erkennen. Die Identitätsableitung kann nur gelingen, wenn der *gelernte* Österreicher es schafft, *ein Verhältnis* zu den Opfern herzustellen, das ihn und dieses Österreich, das er ist, nicht in Frage stellt. Im Fall der *Andersdenkenden* fällt ihm die Opferanmaßung nicht schwer. Unter diesen Begriff fallen *die Unangepaßten* – darunter die Künstler, Schriftsteller, Freidenker – wie auch die weltanschaulichen Gegner des Regimes, die politisch Verfolgten. Da der *gelernte* Österreicher als Mitläufer *niemals* ein Gegner der Norm ist oder des herrschenden Systems – er ist *dagegen*, wenn alle dagegen sind, und *dafür*, wenn alle dafür sind –, ist es für ihn unabdingbar, sich als Gegner und *Anderen* zu denken, um sich nicht als Mitläufer zu erkennen. Wir erinnern uns: Der Österreicher glaubt immer, besser, mehr und anders zu sein, als er anderen erscheint. Und eigentlich – wie man immer wieder hört – ist er ja *auch* ein Künstler, ein Maler, Denker, Schriftsteller … er ist vieles *eigentlich*, was er in Wirklichkeit nicht ist, weil er es nicht lebt und nie gelebt hat und weil ihm (im Regelfall) jede Eignung dafür fehlt. Mehrheitsmenschen, wie der *gelernte* Österreicher, wollen immer etwas Besonderes sein – und ihr „Opfer“ besteht meist in dem Verzicht, ihre „Besonderheit“ zu leben.

*

Für den *gelernten* Österreicher ist es heute eine Selbstverständlichkeit, daß er auf der Seite *der Andersdenkenden* steht. Ihnen sind auch die Gescheiterten zuzurechnen, jene, die unter erbärmlichen Verhältnissen existieren mußten und zu Lebzeiten kaum ein Bild oder Buch verkauft haben, die Verkannten und Mißverstandenen. *Er* versteht sie. Lauthals beklagt er ihr Fehlen, er ruft sie an, als wären sie seinesgleichen, Brüder, die so waren, wie er *eigentlich* ist. Sie – und nur sie – „sprechen ihm aus der Seele“. *Er* verbrennt keine Bücher, er konsumiert sie. Er bringt ihre Stücke auf die Bühne und *bearbeitet* sie. Er baut ihnen Tempel und ruft Preise in ihrem Namen aus. Das kann er aber in seiner Selbstzufriedenheit nur deshalb so ungestört tun, weil jene, die er preist, nicht mehr da sind. Im Gegensatz zu den heutigen Künstlern, die er fördert, obwohl er innerlich davon überzeugt ist, daß sie an die *eigentlichen* Künstler nie heranreichen werden. Je mittelmäßiger sie sind, desto größer ist sein Fördereifer, und da macht es auch keinen Unterschied, wenn die Mittelmäßigkeit den Nobelpreis bekommt. – Jene *Andersdenkenden* aber, durch die er sich eine Kultur anmaßt, die er nicht hat und auf deren Werken und Leben er die Zikkurat seiner Kulturnation errichtet hat, gleich einem Grabhügel, in dem die Kultursaisonniers seiner Wahl aus- und eingehen und solcherart Kulturbetriebsamkeit generieren – sie, *die Andersdenkenden*, würden es sich nicht gefallen lassen, zur Selbsterhöhung des *gelernten* Österreichers zu Repräsentationszwecken verbraucht zu werden, denn diesen *Andersdenkenden* war das Mittelmäßige immer erkennbar. Das ist letztlich eine Frage des

Instinktes und Viktor Rogy[10], ein Vertreter des *anderen* Österreichs, hat es einmal, anläßlich einer Performance im Rahmen einer der Widerstandsveranstaltungen gegen die erste schwarz-blaue Koalition, auf den Punkt gebracht, indem er dem Publikum, das vornehmlich aus *gelernten* Österreichern bestand, die gerade dabei waren, ihr „politisches Bewußtsein" wiederzuentdecken, von der Bühne aus zuflüsterte:

„Stürzen Sie diese Regierung …
… durch ihre …
… Qualität."

Indem der *gelernte* Österreicher *die Andersdenkenden* vereinnahmt und bei sich das Anderssein als selbstverständlich voraussetzt, verunmöglicht und leugnet er die Möglichkeit und in der Folge die Existenz eines *anderen* Österreichs, das er nicht selbst sein kann und nicht selbst schon ist – Pardon: *Eigentlich* schon ist.

Opfer – "Die Juden"

Zu den „rassisch Verfolgten" setzt sich der *gelernte* Österreicher in ein spezielles Verhältnis, das, sofern keine verwandtschaftlichen Bindungen zu den Opfern bestehen, im wesentlichen ein Schuldverhältnis ist. Es ist aber keine Schuld, die von ihm, dem *gelernten* Öster-

10 1924–2004, österreichischer Künstler und Aktionist

reicher, verursacht worden wäre – denn er kann ja kein Täter sein –, sondern die er auf sich nimmt, aus Solidarität und weil es in sein Selbstbild *vor den anderen* paßt.

Es ist eine Schuld, die er *vor den anderen* trägt, deren Überzeugungen und Ideologien er teilt, das ist, wenn man so will, die „freie" westliche Welt. Für sich ist er schuldlos. Vielleicht ist dies mit ein Grund, weshalb nach Antritt der neuen österreichischen Regierung und Inkrafttreten des Staatsvertrages, die strafrechtliche Verfolgung der Naziverbrecher kein Thema mehr war. Sie übten nun wichtige Funktionen in Wirtschaft und Politik aus und selbst die höchsten Ämter im Staat standen ihnen offen. Für den *gelernten* Österreicher waren sie keine Nazis mehr, weil es keine Nazis mehr gab – von ein paar Unverbesserlichen abgesehen, Ewiggestrigen, die das Selbstverständnis des *gelernten* Österreichers in den nächsten Jahrzehnten immer wieder empfindlich stören sollten, weil er Täterschaft und Nazitum unmittelbar und ausschließlich in Beziehung gesetzt hatte. Sie erinnern ihm schmerzhaft die Tatsache und Möglichkeit der eigenen, sprich: Österreichischen Täterschaft, die er glaubt, überwunden zu haben.

Von diesen Unverbesserlichen einmal abgesehen, waren jene *ehemaligen* Nazis und SS-Schergen, die jetzt mithalfen, das Land wieder aufzubauen, keine Nazis und keine Täter mehr – sie waren längst, in der Mehrzahl, zu *gelernten* Österreichern geworden, die sich ohne Wenn und Aber zur Österreichischen Republik bekannten – wie sie sich vorher zu Hitlerdeutschland bekannt hatten.

Sie hatten *dazugelernt*.

Der Hauptgrund für den Unwillen und die Zögerlichkeit bei *der Aufarbeitung* und bei der Verfolgung von Naziverbrechern bestand aber darin, daß die „rassisch Verfolgten"-Opfer des Hitlerregimes für ihn, den *gelernten* Österreicher, *eigentlich* keine Österreicher waren.

Und das ist bis heute so geblieben.

Zunächst: Ist in Österreich von den „rassisch Verfolgten" des Hitlerregimes die Rede, so sind damit in der Regel „die Juden" gemeint[11]. Diese Vereinfachung ist nicht zufällig. Auch ist der Begriff „Juden" in diesem Zusammenhang problematisch, weil damit eine Nazidefinition[12] übernommen und legitimiert wird, die Grundlage der Verfolgung war. Diese „Juden", wie sie von den Nazis definiert wurden, gab es vorher nicht. Sie sind ein Konstrukt der Nazis, das heute noch vom *gelernten* Österreicher – und nicht nur von ihm – geglaubt und verwendet wird.

Da es den Naziideologen nicht gelang, „eindeutige rassische" Merkmale bei „den Juden" festzustellen, wurden sowohl die Religionszugehörigkeit als auch die Abstammung zur Bestimmung herangezogen.

---

11 Bei den „rassisch (und ethnisch) Verfolgten" handelte es sich in der Mehrzahl um Angehörige der, in der Nazidiktion, „kulturzersetzenden Völker". Dazu wurden, neben den Juden, auch Sinti und Roma gezählt, Slawen und Asoziale als „Untermenschen" tituliert, während die Nazis (als Arier) sich selbst zu den „kulturschaffenden Völkern" (sic!) zählten.

12 Siehe: Nürnberger Rassegesetze

Das machte auch viele zu Juden, die dem Judentum den Rücken gekehrt hatten, die Orthodoxie und Religion als „mittelalterlich“ und sich selbst als moderne, fortschrittliche Deutsche oder Österreicher empfanden, und auch jene, die ohne jede Nähe zur jüdischen Kultur oder Religion aufgewachsen waren – was das bedeutet, mag man ermessen, wenn man heute „die Abstammung“ als Maßstab auf *die Österreicher* anlegen und ihnen aufgrund „dreier Großelternteile“, wie es in Hitlerdeutschland der Fall war, Volkszugehörigkeiten zuweisen würde, mit denen sie weder kulturell noch sprachlich verbunden sind. Will man also nicht der Abstammungstheorie – von Volk zu völkisch ist es nur ein kleiner Schritt – und dem Rassismus der Naziideologie das Wort reden, müßte man entweder genauer differenzieren oder auf die generalisierende Bezeichnung „die Juden“ im Zusammenhang mit den Opfern unter den sogenannten „rassisch Verfolgten“ der Nazizeit gänzlich verzichten. Das ist nicht möglich, weil sich diese Bezeichnung heute etabliert hat. Und es ist nicht nur der *gelernte* Österreicher, der davon profitiert.

Wir fragen immer noch nach der Identität, nicht nach der Abstammung, aber nach der Herkunft des *gelernten* Österreichers, der heute Österreich *ist,* worauf seine Identität als Österreicher *vor den anderen* gründet und wo es sich dabei in Wahrheit um Identitätsanmaßung oder um Identitätsverdrängung handelt.

Solange der *gelernte* Österreicher von „Juden“ spricht, kann er erfolgreich verdrängen, daß es sich dabei auch um Österreicher handelt. Er kann verdrängen, daß man, auch als Österreicher, von einem Tag auf den anderen, aufgrund einer Zuordnung, für die man nichts kann und für die man nichts getan hat, rechtlos ist, verschleppt, weggesperrt oder ermordet wird, auch wenn man kein *Andersdenkender* oder *Gegner* des Regimes ist. Er schaut die schrecklichen Bilder, er kennt die furchtbaren Details. Er ist erschüttert und betroffen, was Menschen anderen Menschen antun können. Er verheimlicht auch nicht länger, was hier, in diesem Land, geschehen ist, aber für ihn sind es *die Nazis*, die „das mit den Juden gemacht haben". Deshalb kann er sich die Betroffenheit leisten.

Und das Fremdschämen.

Die Wahrheit zu sehen, hätte ihm ein solches Verhältnis nicht erlaubt. Weder die Nachlässigkeit in der Verfolgung der Täter noch sein großzügiges Verzeihen. Es wäre ihm ein *persönliches* Anliegen gewesen, diese Verbrechen zu sühnen und aufzuarbeiten. Und dieses Österreich heute, das *offizielle* Österreich, wäre nicht, was es geworden ist: Das Österreich des *gelernten* Österreichers, das nur dem Österreicher *vor den anderen* eine Heimat und ein Zuhause ist.[13]

---

[13] Neben Tätern, Opfern und Mitläufern gibt es noch eine vierte Gruppe, die hier nicht erwähnt wurde, weil sie dem *gelernten* Österreicher weder faßbar ist, noch unmittelbar betrifft. Das ist die Gruppe der Widerständler. Von ihnen wird im folgenden noch die Rede sein.

Die Wahl

Wir gehen nicht mehr in den Wald,
die Lorbeeren sind geschnitten.
Die Liebhaber liegen im Sterben
und es lügen die Liebhaberinnen.

Guillaume Apollinaire (1880–1918)

Die einen ...

Im Februar vierunddreißig
Der Menschlichkeit zum Hohn
Hängten sie den Kämpfer
Gegen Hunger und Fron
Koloman Wallisch[14]
Zimmermannsohn.

Kennen Sie das? Könnte, vom Namen abgesehen, auch Woody Guthrie sein ... aber es ist Bert Brecht – wohl einer der letzten Dichter, der dieser Tradition verpflichtet war. Im deutschen Sprachraum ist sie gebrochen: Der Outlaw und Outcast als Volksheld. Der Gesetzlose, der nach seinen eigenen Regeln lebt, der Dieb, der Vagabund, der Abenteurer. Der Gerechte und der Aufständische. Wo es heute noch Menschen mit solchen Neigun-

14 1889–1934, sozialdemokratischer Arbeiterführer in Österreich

gen gibt, haftet ihnen gleich etwas Lächerliches, Versponnenes, Eigenbrötlerisches an.

Das haben sie mit den Liebhabern gemeinsam, den versponnenen Tüftlern, Privatgelehrten und -forschern, die im 19. Jahrhundert noch zahlreich waren, in vielem die Grundsteine für die heutigen Wissenschaften legten und dann von ihnen verdrängt wurden … – Es gibt ja auch Menschentypen, die aussterben. Baudelaire hat von *Menschenmoden* gesprochen, etwa einem bestimmten Typ Nase, der Saison hat. Auch der Widerstand oder das Verbrechen sind Moden unterworfen. Sie vollziehen sich heute in geordneten Bahnen. Kaum auszudenken, ein Giftmörder, der seine Parkstrafen, ein Oppositioneller, der seine Steuern nicht pünktlich bezahlt … das findet seine Entsprechung in dem Bild eines Polizisten, der, als Vertreter der monopolisierten Gewalt, im vollen Ornat seiner Exekutivgestalt, am hellichten Tag, auf offener Straße einen Radfahrer abstraft, weil er keinen Helm aufgesetzt hat. – Nein, Verbrechen und Widerstand sind nicht mehr Sache des Einzelnen, sie müssen, um auf der Höhe der Zeit zu sein, immer *organisiert* sein. Alles andere ist altmodisch. Deshalb haben der Widerstand wie das Verbrechen jeden anarchischen Charakter verloren.

Aber es gibt in *diesem* Land ohnehin keine Revolutionäre und Neuerer, mit denen der Österreicher, wenn er kein *gelernter* Österreicher ist, sich identifizieren könnte, abgesehen von einigen Lokalgrößen, die man sich als eine bäurische Mischung aus Revolutionär und Räuberhauptmann vorstellen muß, romantische Gestalten, Polterer, Holz- und Erdgesichter, die von der landschaftlichen Kulisse, in der sie wirken, kaum zu unterscheiden sind.

*

Die Biographien der *Andersdenkenden* und der *Andershandelnden,* die heute dem *offiziellen* Österreich als Alibi und Kunstdünger dienen, lesen sich wie ein Lexikon des Scheiterns. Im Sozialen, im Politischen, im Gesellschaftlichen sind sie in ihrer Lebenswirklichkeit verdrängt – zugunsten der Repräsentation, der Anekdote, des *Begriffs,* den man sich von ihnen macht. Und wo man ihr Leben erinnert, ihr Elend, ihren Alltag, ihre Kämpfe – ihr *tatsächliches* Leben –, erinnert man immer ihr Scheitern. Kein Wunder, wenn man bei der Lektüre ihrer *Lebensbilder* den Eindruck erhält, sie sollten eher der Abschreckung und Stärkung der allgemeinen Entmutigung als zum Vorbild dienen. Und man fragt sich: Ist nicht auch dieses ständige Wiederholen der Wahrheiten von einst, daß die besten Köpfe vernichtet und vertrieben wurden, etwas, das Angst macht? Oder was soll das in einem Menschen auslösen, wenn man ihn ständig daran erinnert, daß seine Vernichtung jederzeit möglich ist? Daß er von heute auf morgen zum *Opfer* werden kann, wenn er *anders* ist. Daß zwischen ihm und den Mördern nur der *gelernte* Österreicher steht? – Eine Wand aus Papier.

Tatsache ist: Die Menschen in Österreich sind, nach fünfzig Jahren demokratischer Zurichtung, nicht resistenter geworden, widerständiger oder kritischer, sondern gefügiger. Wie kann es sein, daß, all den Bemühungen zum Trotz, genau das Gegenteil herausgekommen ist von dem, was man angeblich wollte? Wo sind die mündigen, *aufgeklärten* Bürger, mit deren Erschaffung man seit dreihundert Jahren beschäftigt ist? Wo ist der souveräne Einzelne, der uns versprochen war? Sind wir nicht der Industrie und den Konzernen ausgelieferter als jemals zuvor? Sind die Krankheiten weniger geworden – oder die Kriege? Sind die Menschen glücklicher oder zufriedener, gebildeter oder schöpferischer, menschlicher oder reicher geworden? – *Was ist wirklich?* bleibt die zentrale Frage, hier wie überall, die jeder für sich beantworten muß, denn jene, deren Aufgabe es gewesen wäre, die Wahrheit zu sagen, die Lügen und die Fälsche der Propaganda und Ideologien zu entlarven, zu artikulieren und kenntlich zu machen, haben entweder versagt, indem sie sich dem Kollektiv und dem *gelernten* Österreicher angedient und sich ihm unterworfen haben oder sie wurden vom *gelernten* Österreicher in seiner kulturellen Identitätsanmaßung als Künstler, Schriftsteller und Philosophen ins Abseits gedrängt – dieses Pack der intellektuellen Aushilfskellner und Anstreicher, die aus dem Abgrund der cephalitischen Vorstellungen des *gelernten* Österreichers von Kunst und Kultur gekrochen sind, in den Brutkästen seiner Ausbildungsstätten mit Begrifflichkeiten geschult, gefüttert und aufgepäppelt mit Bedeutsamkeiten, die keine sind, akademisch legitimiert, feuilletongesichert, rotten und reden sie sich zusammen, überziehen das Land mit den feinmaschigen Fangnetzen ihrer Kollaborateure, der Mithelfer und Mitläufer, die nichts in die Gegenwart lassen, was sie und die Kunst, die sie verfertigen, in Frage stellen könnte – Tausende Schriftsteller und Künstler, Bedeutungsfuchtler und Zirkusdirektoren, die so in diesem Land existieren und nichts hervorgebracht haben, weder inhaltlich noch formal, was ihren Anspruch rechtfertigen könnte – ja mehr noch: Der offensichtliche Qualitäts- und Niveauverlust ist ihnen zuzurechnen, das Marktgetriebe, der Betrieb, den sie zur eigenen Existenzsicherung installiert haben – so reisen sie von Literaturhaus zu Literaturhaus, von Symposium zu Symposium, von Institut zu Institut, selbstzufrieden und wichtig, immer bemüht, nicht aus der Anmaßung zu fallen, deren Durchsetzung ihr einziger Lebenszweck geworden ist. Kunstbeamtete und Lakaien, in der Nachfolge ihrer Beamtenururururgroßväter, für die gilt:

Mein lieber Herr und Freund,
Sie sind nichts als ein Arschloch und ein Arschloch ohne Musik noch dazu.

Diese Antwort schickte Erik Satie an den Kritiker des *Carnet de la semaine*, der anläßlich der Uraufführung des Balletts *Parade*[15] dem Musiker vorgeworfen hatte, er beleidige den französischen Geschmack und verfüge über

[15] Das Stück stammt von Jean Cocteau, die Musik von Erik Satie, Bühnenbild und Kostüme von Pablo Picasso. Die Uraufführung war am 18. Mai 1917 im *Châtelet*-Theater in Paris.

keinerlei Talent, Phantasie und Handwerk. Satie wurde daraufhin von dem Kritiker wegen Beleidigung und Diffamierung angezeigt. Er hatte kein Geld, um sich einen Anwalt zu leisten oder in Berufung zu gehen und sah sich schon ruiniert. Dank der Hilfe seiner Freunde, allen voran Cocteau, Gris und Max Jacob, die bei einflußreichen Persönlichkeiten intervenierten, ging die Sache doch noch glimpflich aus. – Wie lange ist das her? Bald hundert Jahre? Daß man sich als Künstler noch wehren konnte *und* den Beleidiger auch *traf.* Das ist wesentlicher, als jedes Rechthaben vor Gericht, jede Gegendarstellung, die man wegen übler Nachrede erzwingen kann. Die Kritiker in den Zeitungen und die Kulturkardinäle in den Ministerien sind sich *so sicher* in ihren Identitätslarven, daß sie nichts und niemand mehr erreichen kann. Sie sind nicht zu berühren und sie sind nicht zu erschüttern. Ihnen kann nichts passieren, während der Künstler *alles* zu verlieren hat, so er noch Künstler ist, wenn er sich *ihrem* Geschmack und ihren Vorstellungen nicht unterwirft, nicht entspricht, keine Dankbarkeit zeigt und sie in ihrer Anmaßung und angeblichen *Zuständigkeit* durch das Ausfüllen von Formularen und Subventionsansuchen, die im Grunde Offenbarungseide sind, *bestätigt* – wie jene Künstler, die dem *gelernten* Österreicher „gefallen", die in die Künste gegangen sind wie andere in die Baumärkte, um „*sich selbst* zu verwirklichen". – Aber ich rede nur, ich schimpfe nicht. Und ich weiß: Dieses *Parlando* kann keiner verstehen, der den Schmerz nicht kennt, über das, was an Wirklichkeit verloren ist und nicht mehr in der Welt sein kann. Über das, was *fehlt.*

Der *gelernte* Österreicher *kann* diesen Schmerz nicht verstehen – auch wenn er wohlwollend und freundlich *im Umgang* ist. Der *gelernte* Österreicher, das sind ja auch Freunde, Verwandte, Bekannte – und das ist man auch selbst. Er kann dieses Reden aus dem Schmerz nicht verstehen, weil er den Schmerz nicht fühlt und sich dazu entschieden hat, ihn nicht zu fühlen; er hat den Verlust *verschmerzt*, noch ehe er ihm begegnet ist, und sich mit diesem Österreich und der Norm („im großen und ganzen") abgefunden – im Glauben befestigt, daß man *im Grunde* nichts ändern kann –, und damit meint er ja auch immer sich selbst, wie er geworden ist. Er ist, wo er sich engagiert, nur noch mit *Verbesserungen* befaßt. Das erinnert an Tiere im Zoo, denen die Käfige und Gehege zur natürlichen Umgebung geworden sind. Ihr Alltag ist geregelt, ihre Versorgung gesichert. Sie sind den Unbilden und Wechselfällen, die ein Leben in der *freien Wildbahn* mit sich bringt, enthoben. Und wäre ein *gelernter* Österreicher unter ihnen, würde er das durchaus als *Fortschritt* verstehen und, so er engagiert ist, sich vielleicht für mehr Verteilungsgerechtigkeit bei den Fütterungen oder für größere Freilaufgehege einsetzen. Jede Erinnerung an ein Leben in *freier Wildbahn* wäre ihm ein Greuel, das Reden über Verlust und Freiheit *im Grunde* unverständlich, denn die einzige Freiheit, die er kennt, ist die der freien Bewegung in den Räumen, die ihm zugestanden sind.[16] Der *gelernte* Österreicher ist Realist und Pragmatiker –

[16] Siehe die Erzählung „Der Gefesselte" in dem gleichnamigen Erzählband von Ilse Aichinger, Frankfurt am Main 1953

Eigenschaften, die für *Täter* und *Mitläufer* unerläßlich sind. Doch ist der Mensch kein Tier und die Erinnerung an *die freie Wildbahn* Erinnerung des *Lebensraumes*, der ihm eignet, sein „Platz in der Welt", der ihm ein *Dasein* ermöglicht, das mehr als bloße *Existiererei* und Vorhandenheit ist – es ist die Erinnerung an *Gefüge*, die dort nicht mehr bestehen, wo „sein Platz" leer bleibt und *Dasein* unmöglich geworden ist; dann treten die Funktionszusammenhänge an die Stelle der *Gefüge*, die Vorschriften und das Regelwerk, das den *Verkehr* unter den Menschen organisiert, die *Leitkultur* – denn von einem *Zusammenleben* kann doch heute nicht mehr gesprochen werden. Ich meine: Ein Zusammenleben im Öffentlichen, nicht in der *comfortablen* Verquältheit des Konsumenten, die heute als „privat" gilt. Das setzte nämlich auch eine *Gemeinschaft* im Öffentlichen voraus, *gelebte Kultur*, nicht die Anonymität der Boulevards und öffentlichen Plätze, in denen das Leben vorbeiströmt, was auch ein schöner Anblick sein kann, hier, in Europa, in den romanischen Ländern: Der Lebensfluß, bunt, vielgestaltig, der alltägliche Karneval der Touristen, dessen Anblick uns auch erheitern kann, aber die *Gemeinschaft* ersetzt er nicht. *Diese* Gemeinschaft ist nicht erwünscht und wo sie noch besteht, erinnert sie uns auch daran, was *Geborgenheit* sein könnte – ein Wort, das heute nur mehr einen üblen Beigeschmack hat, Sentimentszucker, der in Kinderbetreuungszentren und Esoterikseminaren verabreicht wird, aber es ist nicht nur das *Geborgte*, auf das es verweist, sondern auch das *Bergende*, *Rettende* und jede *Gemeinschaft*, auch unter Freunden, die nicht auf reinem Kalkül und Nutzen basiert, ist im Grunde ein eigenes Reich, mit eigenen Gesetzen und einer eigenen Kultur, das sich dem Zugriff des Staates ganz selbstverständlich verschließt und den Verbrauch des Einzelnen durch das Kollektiv erschwert. Das haben schon die französischen Kolonialherren erkannt, weshalb sie den Algeriern die Bürgerrechte gaben, um so den Erwerb des Stammesbesitzes zu ermöglichen – Bürgerrechte! Das Kollektiv hält die Rechte des Einzelnen nur hoch, um ihn besser zu verbrauchen; da ist ihm das Individuum „etwas wert". Es ist am Einzelnen nicht interessiert, nur am Vereinzelten, den es aus den Gefügen herauslöst und „zu Markte trägt" – aber auch das ist dem *gelernten* Österreicher, der immer auch ein *Gesinnungsösterreicher* ist, kein Schmerz und kein Verlust. Die Gesinnung geht ihm über die Gemeinschaft, die Genossenschaft über das Gemeinsame. Für ihn „war es *eigentlich* immer so", wie es jetzt ist, und das mag, soweit es ihn angeht, auch zutreffen. Der Schmerz, den ich rede, ist nicht dem Schmerz verwandt, den man empfindet, wenn man seine Überzeugungen wechselt. Es ist kein Schmerz der Reue, sondern des Verlustes. So, wenn wir einen geliebten Menschen verlieren: Er bleibt uns gegenwärtig, wir sehen sein Fehlen, die Leerstelle, die anderen unsichtbar bleiben muß.

Doch ist der Mensch kein gezähmtes Tier, das sich in Träumen der *freien Wildbahn*, die ihm Lebensraum war, erinnern muß. Was verloren ist, ist fern, doch nicht in der Zeit verloren. Es ist uns zugänglich, durch Erzählungen, durch Geschichten und durch eigenes Erleben. Es ist ein Erbe, auf dem wir aufbauen und das wir weitertragen, das wir vermehren oder ablehnen können. Der *gelernte* Österreicher zehrt von diesem Erbe und braucht es auf, um seine Sandburgen zu errichten. – Auch weil er gar nicht anders kann.

Der Schmerz, auch wenn wir ihn „nicht verstehen", ist trotzdem da. Ob wir ihn wirklich sein lassen, bleibt uns überlassen. So, wie es unsere Entscheidung ist, den *gelernten* Österreicher *in uns* zu erkennen und ihm, wo immer er sich eingenistet hat, gegenüberzutreten und des Hauses, das wir *auch* sind, zu verweisen.

... die anderen

Es ist merkwürdig: Wer kein *gelernter* Österreicher ist, zumindest nicht in dem Maße, daß er davon unmittelbar profitiert, bei dem löst die Vorstellung, daß man auch stolz auf dieses Land sein könnte, Befremden aus. Das hat den Ruch alter Zeiten, die man längst „hinter sich gelassen hat". Desgleichen Worte wie *Patriotismus*, *Heimat*, *Volk* oder *Vaterland*. Diese Abneigung ist jedoch nicht gedacht; sie findet sich vor allem bei Jungen und Junggebliebenen, den sogenannten Aufgeschlossenen und Progressiven, die ihre Zugehörigkeit in Moden oder Bewegungen, Weltanschauungen und einem Gedankengut finden, das, *auf den ersten Blick*, nichts mit Österreich zu tun hat, sondern *global* und *international* ist. In Wahrheit ist es *epidemisch*.

Sind sie, von Berufs wegen, nicht zum *gelernten* Österreichertum gezwungen, werden sie zu *angelernten* Weltbürgern, den Produkten multinationaler Konzerne nicht unähnlich, die *überall auf der Welt* gleich fade schmecken. Sie befinden sich nicht in direkter Gegnerschaft zum *gelernten* Österreicher, sondern ergänzen, besser: komplettieren ihn. Auch ihnen ist Österreich nur *Gegend* und es fällt ihnen gar nicht auf, daß, sowenig sie auf dieses Land stolz sein können, es ihnen doch selbstverständlich ist, sich für dieses Land zu schämen. Ein wenig so, wie man sich eines armen Verwandten schämt, der keine Erziehung oder schlechte Manieren hat. *Genieren* heißt das in Österreich. Dieser Typus findet sich nicht in der Kultur oder Politik, sondern in der Wirtschaft, im Management – und Bankenbereich. *Stolz* auf dieses Land ist er *vor den anderen*, auch weil es zum Geschäft gehört, keine schlechte Stimmung zu verbreiten. Die Kritik wird durch Bedauern ersetzt, meist darüber, „daß Österreich so klein sei". Ich erwähne die *angelernten* Weltbürger hier nur der Vollständigkeit halber. Ihre Existenz bleibt weitgehend folgenlos für das Land. Jenen allerdings, die „im Land bleiben", bleibt *à la longue* nichts anderes übrig, als zum *gelernten* Österreicher zu werden.

Mit zunehmendem Alter schrumpft die Anmaßung des Weltbürgertums in die *gelebte* Gegend ein. Sie sind die Zielgruppe der Identitätsderivate, die den fortgeschrittenen Identitätsverlust kompensieren. Deshalb bekommen *die Waren* der Industrie und der Konzerne zunehmend Identitätsersatzcharakter. Das Logo nimmt dabei den Platz des Stammesabzeichens ein, desgleichen das Schlagwort, etwa *Kant* oder *naturgemäß* oder, saisonbedingt, *Tsunami* oder *Die Banken*. Ergänzend die passenden Codes, an denen man sich erkennt, das *in* und *out* – Umstände, die ja sattsam bekannt und beschrieben sind. Die zunehmende Austauschbarkeit und Uniformierung des Einzelnen verstärkt die Unsicherheit noch, die sich in dem Bedürfnis äußert, wenn man schon keine Identität hat, *identifizierbar* zu sein – wie jemand, der ständig in den Spiegel schauen muß, um zu wissen, daß es ihn gibt. Das kennen wir – aus der Pubertät. Es ist die *Identitätskrise*, die jeder durchmacht. Und pubertär sind auch die Erscheinungsmerkmale des allgemeinen Identitätsmangels, die wir heute erleben und die unseren Kulturkreis prägen. Aber was in der Pubertät als Unentschiedenheit, als Ausprobieren und Nachmachen durchaus „natürlich" ist, ist natürlich, weil die Pubertät ein *endender* Zustand ist, der im Idealfall damit abgeschlossen ist, daß man sich, das heißt seinen „Platz in der Welt" und seine Bestimmung, *findet*. Gewiß, man kann sich täuschen, man muß revidieren, von vorne beginnen, aber das ändert nichts *an der Sache*, nämlich, daß die Pubertät, im Sinn einer Umwandlung, ein Ziel hat und die Zeit der Mutation, nicht nur im Geschlechtlichen, ein Ende. Es ist eine *Reifezeit*.

Eine *Identitätskrise* jedoch, die den Verlust und die Zerstörung oder Verdrängung von Identität zur Ursache *und* zum Ziel hat, kann nicht in eine Identität münden. Sie muß *permanent* sein. Und um permanent *zu bleiben*, muß der Verlust unablässig kompensiert werden. Ein

Identitätsersatz löst den anderen ab, eine Pubertät die nächste – das sind dann Kolonialisierungen anderer Art, wie wir sie seit der Neuzeit in Ländern, deren Kulturen zerstört und die solcherart auch kulturell *erobert* wurden, studieren können. Deshalb gilt: Jeder Identitätsersatz ist eine Besetzung.

Genauer: Eine Fremdbesetzung.

Besser: Eine Besessenheit.

*

Heimat in Überzeugungen, Vorstellungen und Ideologien können wir nur auf Kosten der Identität finden. Diese Identität ist nie gedacht oder, wie für den *gelernten* Österreicher, ein bloßer Vorstellungsinhalt. Man kann sie wählen, ja, aber man muß sie dann auch *leben* – und dieses *Leben* erschöpft sich nicht in Äußerlichkeiten, durch die wir identifizierbar werden. Und identifizierbar werden wir heute durch das, was wir *konsumieren*. Wer es sich leisten kann, bei dem beginnt der Identitätsausweis schon beim täglichen Einkauf im Supermarkt. Oder im Bioladen. Die *Gesundheit* – darüber sollte man sich keine Illusionen machen – ist dabei nur ein Vorwand. Gewiß: Diese Zugehörigkeiten hat es immer gegeben, jedoch waren sie nicht, so wie heute, ein Identitätsersatz, sondern eher ein Accessoire. Abgesehen davon, daß es nicht stimmt, „daß man ist, was man ißt" oder daß „Kleider Leute machen". Oder daß man ein besserer Mensch wird, wenn … – *by the way*: Was ist das überhaupt, ein besserer Mensch? Das ist einer, denke ich mir, der *besser* sein will und nicht *gut*. Der Ansatz ist esoterisch, das heißt: Ohne den Umweg der Entwicklung am Ziel. Auch das ist pubertär. Den Superlativ traut man sich nicht zu, *noch* nicht – das ist die Bescheidenheit des *gelernten* Österreichers. Komparativmenschen sind das also, Steigerungsformen, von denen hier die Rede ist. Der *gelernte* Österreicher ist ja auch so eine Steigerungsform, und er hat sich für *dieses* Österreich entschieden, nach dem Krieg, als Identitätsersatz. Er ist gleich ein *besserer* Österreicher gewesen, ohne es geworden zu sein – indem er seine Herkunft verleugnet und damit jede *wirkliche* Identität unmöglich gemacht hat. Er war kein *Täter* und er war, als Österreicher, kein *Opfer* (nur der Staat – wir erinnern uns – war *erstes* Opfer, nicht die Menschen). Er hat den Schmerz nicht wirklich sein lassen und sich, als *besserer* Österreicher, ohne Umwege in den Wiederaufbau und den Kompensationsfleiß geflüchtet.

Doch beschränkt sich die Herkunftsleugnung nicht nur auf den Zweiten Weltkrieg, sondern sie tilgt den Österreicher, wo er widerständig war, *in toto* aus dem öffentlichen Bewußtsein. Das betrifft, vor dem Anschluß, die Gegner des Faschismus und des Kapitalismus, es betrifft alle, die *gegen* Hitlerdeutschland Widerstand geleistet haben, und besonders jene, die *erfolgreich* Widerstand geleistet haben. Schon ein oberflächlicher Blick genügt, um festzustellen, daß es diesen Widerstand *tatsächlich* gegeben hat. Dieser Widerstand setzte sich aus allen möglichen Gruppierungen, religiösen wie politischen, „rechten" wie „linken" Lagern zusammen und es gab auch überparteiliche Zusammenschlüsse. Nicht zu vergessen die Österreicher, die sich „nicht fügten", im Kleinen Widerstand leisteten, im Alltag, die halfen, wo Hilfe offiziell unerwünscht und das Helfen eine Gefährdung war, die Mitleid zeigten, Mut, Erbarmen, Menschlichkeit und sich *nicht* ideologisch unterwarfen – von ihnen allen existiert heute kein Einziger im öffentlichen Bewußtsein der Österreicher. Sie sind nicht *lebendig*[17]. Ihre Taten nicht und nicht ihre Namen. Und wenn sie auch nicht *die Mehrheit* waren in diesem Land, so waren es doch genug, daß man nach dem Krieg durchaus ein *anderes Österreich* mit ihnen hätte aufbauen können. Man hätte *stolz* auf diese Österreicher sein können. Man hätte, als Österreicher, ein *anderes* Selbstbewußtsein und ein *anderes* Selbstbild haben können.

Merkwürdig auch, daß viele von ihnen verdrängt sind, obwohl die Parteien, denen sie angehörten, seit Jahrzehnten an der Macht sind. Sie hätten doch die Mittel und die Möglichkeiten gehabt, ihre Namen im öffentlichen Bewußtsein zu verankern. Aber was hat ein Parteifunktionär oder ein Gewerkschafter von heute mit jenen Gründungsvätern zu tun, deren Überzeugung er angeblich teilt. Der Parteigenosse von heute, ob als Bankdirektor oder Bundeskanzler, vertritt nur noch Interessen, die ihm selbst keine sind. Die Macht und der

---

17 Das betrifft auch Erinnerungszeichen wie Straßenbenennungen, die rückgängig gemacht, oder Gedenktafeln, die abmontiert wurden, weil es sich ohnehin „nur" um Kommunisten gehandelt hatte.

Machterhalt sind seine einzigen Anliegen – und nichts darüber hinaus. Sie dienen vor allem der Eigensicherung – und der Eitelkeit. Er vertritt nicht das Volk, sondern er hat sich auf die Seite der Wirtschaft geschlagen – und das ist im Kollektiv die Industrie und das sind die Konzerne. Ihm ist nicht zu trauen, sowenig wie dem Dichter und dem *Andersdenkenden*, der sich dem *gelernten* Österreicher und seinen Vorstellungen von Kultur unterworfen und alles unartikuliert gelassen hat, was das Selbstverständnis des *gelernten* Österreichers hätte stören können. Denn die *österreichische* Kultur, auf die der *gelernte* Österreicher so stolz ist und auf die sein Selbstverständnis *vor den anderen* aufbaut, ist in Wahrheit eine *Verdrängungskultur*. Es ist eine *Kultur ohne Werte* – deshalb hat sie in diesem Land ein so großes Gewicht.

Man hätte also nach dem Krieg durchaus „die Wahl gehabt", auf welchem Fundament man dieses Österreich errichtet und die österreichische Identität gründet. Und man hat sich entschieden, *der Mehrheit* das Wort zu reden. Das ist fatalerweise dieselbe Basis, auf der auch das Naziregime aufbaute. Diese Mehrheit kann man auch „schaffen" – durch eine, der *Gleichschaltung der Medien* analoge, *Gleichschaltung* der Bedürfnisse. Das fällt, im weitesten Sinne, unter Staatskunst, die ja auch noch andere Ziele haben kann, als dem Bürger *nur* die materielle Sicherheit zu gewährleisten. Deutlich wird das in dem Wort *Gemeinwohl*, das heute mit allgemeinem Wohlstand gleichgesetzt wird. Die Identitätsverdrängung ist aber mit Sicherheit nicht dem Gemeinwohl zuträglich.

Man muß verstehen, daß in Österreich der Fleiß nach dem Krieg ein Identitätsersatz war, der uns half, zu verdrängen – ein Neurosenfleiß, auf den man nicht *stolz sein kann* –, den *gelernten* Österreicher ausgenommen. Es war *sein* Österreich, dem dieser Fleiß zum *Wiederaufbau* verhalf.

Unternehmen Österreich

„Und ab dem heutigen Tag“, sagte der Parteivorsitzende,
„sind wir alle Individualisten!“

Die Österreichbetreiber

Die politischen Parteien sind die Kaderschmiede des *gelernten* Österreichers. Die unterschiedlichen Parteiinteressen sind in der *Verfassung* berücksichtigt und eingearbeitet. Das mag auch, zumindest im Ansatz, die Interessen der Bevölkerung spiegeln, jedoch ist die *Parteiendemokratie* selbst nicht gewählt, was eine undemokratische Ausgangslage schafft. Andere (demokratische) Regierungsformen, wie sie noch vor dem Krieg, *versucht* und diskutiert wurden, standen nach dem Krieg nicht mehr zur Auswahl. Die Mehrheit, so der *gelernte* Österreicher, wolle keine politischen Experimente mehr, Sicherheit und Stabilität gingen vor. Wer das *jetzt* nicht verstand, „würde es nie verstehen“. Mit anderen Worten: Die Not war so drückend, daß für eine Aufarbeitung und Auseinandersetzung mit dem Vergangenen keine Zeit blieb. Man mußte jetzt *nach vorne blicken* – was verständlich ist, wenn man nicht sehen will, wo man herkommt.

Wann immer der Einzelne sich zum *gelernten* Österreicher oder Kollektivmenschen entscheidet, folgt er dieser Argumentation – gegen sein Empfinden und oft auch wider besseren Wissens. Die *Existenzsicherung* geht vor. Er muß dieses oder jenes tun, weil ... – man muß *mitmachen*, weil ... Praktisch ist es, wenn man Kinder hat. Die werden dann gleich als Ausrede für den Systemeintritt und das Mitmachen instrumentalisiert. Auch nicht nett, denke ich mir, den Kindern gegenüber. In Wahrheit ist kaum einer, der so spricht, vor die Entscheidung gestellt, die er beschwört, nämlich: Unterzugehen oder sich anzupassen. Wer *seine* Sache, wer das, was ihm wichtig oder wertvoll ist, leben will, wird das auch tun und die Zeit dafür finden. Vielleicht nicht in dem Umfang oder auf die Art und Weise, die seinen Vorstellungen entspricht, aber niemand kann ihn daran hindern. Er muß nur damit beginnen. Er muß es nur *tun*. Das Totschlagargument der Existenzsicherung, das jede weitere Diskussion über Sinn, Wert, Qualität und Würde unmöglich macht, will den, dem es unterbreitet wird, zum Komplizen der Entscheidung *gegen sich* gewinnen. Im Öffentlichen sind es die angeblichen wirtschaftlichen Notwendigkeiten, die jeden Qualitäts- und Niveauverlust begründen. Die Niveaulosigkeit wird *ausschließlich* und der Einzelne, über den Umweg der Mehrheit, zum eigentlichen Verantwortlichen der Qualitätsminderung gemacht, wenn es heißt: „Die Leute wollen das ...“ Sieht man genauer hin, „wollen die Leute das“, weil es keine Alternativen gibt und sie meist nur die Wahl zwischen Teufel und Beelzebub haben.

Die Mehrheit ist immer gemacht. Sie ist ein Konstrukt. Und sie ist von jenen gemacht, die *eigentlich* Verantwortung tragen.

Oder: Verantwortung tragen *sollten.*

*

Die Selbstverständlichkeit, mit der die neuen Herren das Land für sich in Besitz nahmen, zeigte sich auch daran, daß ihre Existenz in der Verfassung *stillschweigend* vorausgesetzt wurde. Ein Parteiengesetz wurde erst, gemeinsam mit der Einführung einer öffentlichen Parteienfinanzierung, zwanzig Jahre später[18] verabschiedet.

Die politischen Parteien finanzieren sich durch Mitgliedsbeiträge, Spenden und öffentliche Subventionen. Durch das Parteiengesetz ist jeder steuerpflichtige Österreicher gezwungen, die Parteien finanziell zu unterstützen, ihre *Wahlkampfkosten* zu erstatten, ihre parlamentarischen *Klubs*, ihre Öffentlichkeitsarbeit und die sogenannten *Parteiakademien* zu finanzieren. In der Zeit von 2000 bis 2008 haben sich diese öffentlichen Förderungen von 35 Millionen Euro auf 56,5 Millionen Euro erhöht[19] – das war, wenn wir uns erinnern, die Zeit der großen „Einschnitte" im Sozial- und Bildungsbereich.[20]

---

18 1975

19 Univ. Prof. Dr. Karl Ucakar, Institut für Staatswissenschaften, Lecture notes & course materials SS 2011, Österreichische Politik: 9. Einheit – Parteienfinanzierung in Österreich

20 In einem von Prof. Karl-Heinz Naßmacher veröffentlichten

Wenn politische Parteien nicht mehr die Interessen der Bevölkerung vertreten, sondern in erster Linie am eigenen Machterhalt interessiert sind, dann ist die Parteiendemokratie in Gefahr, undemokratische Züge anzunehmen. Diese Gefahr ist systemimmanent, denn in einer Parteiendemokratie haben sowohl Regierung wie Opposition Parteiinteressen. Diese mögen in vielen Punkten unterschiedlich sein, doch ist ihnen gemeinsam, daß sie den Interessen des Bürgers vorgehen. Solange es „inhaltliche" Positionen gibt, die vertreten werden, hält sich der Schaden in Grenzen. Hier ist immer, zur Durchsetzung der Ziele oder auch nur, um „die Ideale nicht zu verraten", denen man sich verschrieben hat, auch ein Machtverzicht denkbar. Diese „ideelle Basis" ist heute nicht mehr gegeben. Es ist vielmehr von *Parteiprogrammen* die Rede; diese werden zusehends austauschbar, variieren je nach Saison und entbehren jeder Grundsätzlichkeit im Ideellen.

Abgesehen von der Finanzierung ist der Einzelne für den Machterhalt der Partei nur als Wähler von Interesse. Am Wahltag. Seine Bedürfnisse sind nicht nur den *tatsächlichen* Bedürfnissen der Partei nachgeordnet – niemand glaubt heute mehr, daß ein Politiker für den Bürger da ist –, sondern jeder weiß, daß die Bedürfnisse des

---

„Index der Parteienfinanzierung" rangiert Österreich, nach Japan, auf Platz zwei, gefolgt von Israel, Italien, Schweden, Spanien, Frankreich und Deutschland. Der Index vergleicht die Parteiausgaben pro Wahlberechtigten im Vergleich zum Bruttoinlandsprodukt. Diese sind in Österreich (2,66 %) um das Fünffache höher als etwa in Deutschland (0,57 %).

Bürgers den Parteiinteressen nachgereiht sind, zumindest in Österreich. Ein Parteipolitiker ist zuerst für seine Partei da. Und für die Partei sind zum Machterhalt *die Bedürfnisse der Mächtigen* – das sind die Industrien und Konzerne – wichtiger als die Bedürfnisse des Einzelnen. Und die Ausgaben und Aufwendungen, die es braucht, um ihn das nicht bewußt werden zu lassen, läßt man sich dann von ihm auch noch als *Öffentlichkeitsarbeit* bezahlen.

*

Die politischen Parteien nahmen dieses Land nach dem Krieg nicht nur bildlich gesprochen *in ihren Besitz*, sondern tatsächlich. Was Staat war, was Staat hätte sein können, wurde Partei. Die „freie Wirtschaft", der selbständige Unternehmer, geriet dabei gleich doppelt in die Mangel: Einerseits gab es die Konkurrenz durch die „verstaatlichten" Betriebe – das waren Monopolbetriebe und Unternehmen im Staatsbesitz –, andererseits durch den Staat selbst, der durch Verwaltung, Auflagen und Gesetze die wirtschaftlichen Rahmenbedingungen festlegte. Da beides „in der Hand der Parteien" war und es keine unabhängige Instanz gab, die seine Rechte wahrte, blieb ihm nichts anderes übrig, als sich mit den Parteien zu arrangieren, das heißt: Im Rahmen der Parteiinteressen zu agieren.

Oder er ging ins Ausland.

Natürlich sind solche Verstrickungen, besonders bei größeren Unternehmen, auch in anderen Ländern „normal“. Die Besonderheit liegt aber darin, daß sie in Österreich *ausschließlich* auf politische Parteien bezogen waren. Das machte ein unabhängiges Wirtschaften, also eine Privatwirtschaft unmöglich – wie überhaupt jede Form der Unabhängigkeit, auch des Denkens, in Österreich unerwünscht ist, weil sie den Parteiinteressen, und das ist in erster Linie der Machterhalt, zuwiderläuft.

Was den Österreichern schließlich zur Realität wurde, war *die Unverhältnismäßigkeit,* mit der die Parteien gewillt waren, ihre Interessen zu wahren. Daß sich die Unverhältnismäßigkeit ihres Machtanspruches ausgerechnet durch ein System etablierte, das als *Proporz* bekannt wurde, mag ein Treppenwitz der Geschichte sein. *Proporz* ist eine Abkürzung für Proportionalität (Verhältnismäßigkeit). Damit wird in Österreich die anteilsmäßige Beteiligung politischer Parteien in der Regierung, in Gremien, im öffentlichen Dienst, in der verstaatlichten Wirtschaft usw., usf., entsprechend ihrem jeweiligen politischen Stärkeverhältnis, bezeichnet. Das betrifft alle öffentlichen Ämter und staatlichen Institutionen, Polizei, Heer, Justiz, Verwaltung, die Schulen, Museen, Kultureinrichtungen, Bundestheater, Nationalbank, den Staatsrundfunk und das Staatsfernsehen, den Rechnungshof, das Finanzministerium, soziale Einrichtungen, Universitäten, Kindergärten, Forschung und Wissenschaft … in all diesen Bereichen wurden in leitenden Funktionen, je nach Proporz, Parteigänger eingesetzt und Mitbewerbern, die parteilos waren, vorgezogen. In manchen Bereichen, etwa den Schulen, war die *Proporzionie-*

rung durchgängig. Wer als Lehrer Arbeit finden wollte, mußte sich ein *Parteibuch* zulegen. Findige Zeitgenossen hatten deshalb auch zwei[21].

Weiters nutzten die Parteien die Möglichkeit, durch staatliche Förderungen und öffentliche Auftragsvergaben ihre Parteiinteressen zu wahren. Diese „tatsächlichen Verhältnisse", die jeden betrafen, haben den Österreicher *geprägt*.

Und es ist nicht übertrieben zu sagen, daß das Land, unmittelbar nach Abzug der Alliierten, gleich *wieder* von Parteisoldaten besetzt wurde.

Parteiengeist

Politische Parteien sind hierarchische Gebilde. Organisierte Herde. Organisationen. In Aufbau und Struktur Armeen nicht unähnlich. Den Mitgliedern, vom einfachen Parteimitglied bis zum Parteiobmann, sind bestimmte Funktionen und Aufgabenbereiche zugewiesen, die sie zu erfüllen haben. Manche dieser Funktionen sind wählbar, andere nicht. Ein Beitritt ist an keine besonderen Auflagen geknüpft. Es muß kein Eid abgelegt werden, und es wird auch nicht die Gesinnung geprüft. Die Hälfte des Beitrittsformulars, das man heute bequem im Internet „downloaden" kann, bezieht sich auf Zahlungsmodalitäten des Mitgliedsbeitrages. Ein Formalakt also. Will man allerdings in der Partei „etwas

---

21 ÖVP und SPÖ

werden", muß man sich – wenn man kein prominenter Quereinsteiger ist –, langsam hocharbeiten, funktionieren und gehorchen. Die Unterordnung mündet etwa in den Fraktionszwang, in Österreich auch Klubzwang genannt, der im Parlament ein einheitliches Abstimmungsverhalten gewährleisten soll. Begründet wird das unter anderem damit, daß ein Parlament sonst nicht arbeitsfähig wäre. Es ist aber auch ein sehr schönes Beispiel dafür, daß für den Einzelnen weder sein Gewissen noch seine Funktion als Volksvertreter bestimmend sind, sondern seine Mitgliedschaft in der Partei.

Es ist der Mehrheitsbeschluß *der anderen*, der für ihn zwingend wird.

Diese Unterwerfung und Unterordnung werden von Zynikern gern als „realistisch" apostrophiert. Sie sind für den Parteigänger und das Parteimitglied unerläßlich. Menschen, die damit Probleme haben, etwa weil sie auf ihre Integrität Wert legen, noch ethische Grundsätze haben oder sich das einfach nicht bieten lassen wollen, werden Sie deshalb in einer Partei nicht finden.

Auch stellt sich die Frage, wie solche „Realisten", die in der Unterwerfung und Unterordnung geübt sind, einem Land und dem Einzelnen die Unabhängigkeit, die sie gar nicht leben, garantieren sollen. Es ist immer der *Unsouveräne*, der als *gelernter* Österreicher in den Parteien Unterschlupf sucht. Persönliche Vorteile, etwa im Beruf, wiegen diesen Verlust nicht auf.

Gewiß, das war nicht immer so.

Aber so ist es geworden.

Verdrängungskultur

„Heißest du Kunz?“
„Nein.“
„Heißest du Heinz?“
„Nein.“
„Heißt du etwa Rumpelstilzchen?“

Gesammelte Hausmärchen
der Gebrüder Grimm, Rumpelstilzchen

Spiel

Die vorrangige Wahrung der Parteiinteressen hat in Österreich zu einer Konsenspolitik geführt und erklärt die großzügigen Kompromisse, die beide Großparteien, zugunsten ihrer Grundsätze, bereit waren, aufzugeben. Man sprach in diesem Zusammenhang, in Anlehnung an „die alten Zeiten“, auch oft von *Konzilianz*. Das bedeutet: Jene, die ein Parteibuch haben, üben Verständnis und Toleranz gegenüber jenen, die ein anderes Parteibuch haben. Die Anpassungs- und Kompromißgläubigkeit ist noch heute unter der Bevölkerung ungebrochen, was nicht weiter verwundert, wird ihr doch täglich vor Augen geführt, wie gut dieses System funktioniert und wie weit man es mit einer *grundsätzlichen Grundsatzlosigkeit* bringen kann.

Grundsatzlosigkeit erleichtert die Anpassung, aber sie verstärkt auch die Haltlosigkeit. Anpassung und Durchsetzung sind in Österreich Synonyme. Das mag beim *Schifahren* hilfreich sein, worin die Österreicher ja Weltmeister sind, wenn der Einzelne, an den Hang, die Strecke und die Schneeverhältnisse *optimal angepaßt*, als stöckeschwingendes Pistengerät *gegen* die Zeit ins Ziel fährt, beim Fußball aber ist die Anpassung dem Spiel eher abträglich. Genaugenommen macht sie jedes Spiel unmöglich, weshalb die österreichische Fußballmannschaft über ein *Mitspielen* nie hinausgekommen ist. Das *eigene Spiel* ist nicht Sache des *gelernten* Österreichers. Er versucht es zu vermeiden und seine Entstehung schon im Ansatz zu verhindern. Die Möglichkeiten, die ihm dabei zur Verfügung stehen, sind zahlreich, die Methoden erprobt und altbewährt.

Satz

Wie gesagt: Die österreichische Kultur ist eine Kultur ohne Werte. Sie ist keine *lebendige*, sie ist eine *funktionierende* Kultur, das heißt: Sie verbraucht lebendige Kultur in all ihren Erscheinungsformen und Vorkommen *irgendwo* in der Welt, um das Entstehen einer *eigenen Kultur*, die es immer in Ansätzen gibt und die sich immer *bilden will*, wo Menschen zusammenleben, zu verhindern. Kultur entsteht, wo das *eigene Spiel* noch möglich ist.

Dieses Spiel ist heute durch das Experiment ersetzt. Der Unterschied besteht im *Einsatz*. Anpassung bedeutet in diesem Zusammenhang: Den Einsatz so klein wie möglich zu halten. Je reibungsloser, je optimaler die Anpassung, desto geringer der Einsatz. Einsatz wird vom *gelernten* Österreicher als Verlust verstanden. Die Anpassung verhindert durch Mangel an *Einsatz* das Spiel – wie die Ökonomie durch Verrechnung den Überfluß. Eine *lebendige* Kultur entsteht dort, wo dieser Einsatz das Leben ist.

Das schließt die Existenz mit ein.

Es geht in diesem Spiel nicht um Gewinn oder Verlust, sondern ob man es spielt oder nicht. Das *eigene Spiel* verliert nur, wer aufhört zu spielen.

Und der *gelernte* Österreicher ist ein Spielverderber *par excellence.*

*

Mangel an *eigener* Kultur ist immer Mangel an *eigenem* Leben. In den ersten Jahren nach dem Krieg wurde das Kulturdefizit – im Offiziellen – ausschließlich durch Repräsentationskultur camoufliert, später durch den *Kulturimport* behoben. Federführend war dabei jene Generation, die im Zweiten Weltkrieg oder unmittelbar nach Kriegsende geboren wurde. In den Zusammenbruch und in die Besiegtheit hineingeboren, dem Mangel, der Armut und der Lebensbedrohung ständig ausgesetzt, waren ihr, in die beginnende Pubertät hinein, die Besatzer, allen voran die Amerikaner, wirkliche *Befreier.*

Diese Generation hatte kein Problem damit, sich später zu *internationalisieren*, das heißt, als Stellvertreter von gesellschaftlichen Moden, Kunstströmungen und Weltbildern in Österreich aufzutreten, die *irgendwo* in der Welt ihren Ursprung hatten. Ihre Anpassung war zukunftsweisend, der Bruch mit der Tradition, dem *kulturellen Erbe*, total. Durch sie ist der *gelernte* Österreicher endlich in der Moderne angekommen. Das heißt: Er modernisiert.

Er hat – wieder einmal – *dazugelernt.*

Und den Anschluß nicht verpaßt.

Und etabliert, was man heute als österreichische Kultur bezeichnen könnte, die *im Grunde* eine *Verdrängungskultur* ist.

*

Der *gelernte* Österreicher ist überzeugt, daß er *per se* ein kultureller Mensch ist. In Österreich lernt jeder Buchhändler schon in der Lehre, daß er ein Kulturträger ist, er hat aber in der Regel keine kulturelle Leistung vorzuweisen, ausgenommen die, daß er Bücher verkauft, die andere geschrieben haben. Er ist *de facto* ein Buchverkäufer, aber als Buchverkäufer ist er nur *Gegend*, während er als Kulturträger Teil der *Kulturlandschaft* Österreich ist. Das gilt natürlich auch für das Gros der Kulturjournalisten, Kulturbeamten und Kulturmoderatoren. Sie müssen wissen: Jeder schlechtgelaunte österreichische Kellner in Wien, jeder Wirt in der Provinz ist ein Kulturträger. Jeder Beamte und jeder Politiker sowieso. Kultur, das ist in Österreich der Weihrauch über dem Verdrängten, das Parfum, das die Geruchlosigkeit des *gelernten* Österreichers kaschiert und von ihm in solchen Mengen verströmt wird, das einem, der daran nicht gewöhnt ist, sofort übel wird, wenn er in der Zeitung die Kulturseite aufschlägt oder im Staatsfernsehen die Kulturnachrichten konsumiert.

*

Wo versucht wurde, eine *andere* österreichische Kultur *ins Spiel zu bringen*, die keine Verdrängungskultur ist, etwa in den Fünfzigern und Anfang der sechziger Jahre, mündete sie in eine Avantgarde, die sich selbst genügte, in formalen Spielereien erschöpfte und für den Österreicher weitgehend folgenlos blieb – auch weil es der *gelernte* Österreicher verstand, sie als volksferne Kunst in Literaturhäusern und den Instituten der Universitäten zu isolieren und durch massive Förderungen *vom Markt* und von der Begegnung im Alltag fernzuhalten. So wurden das Formenspiel – als Experiment – und *die Unverständlichkeit* für den *gelernten* Österreicher zu einem wichtigen Kriterium moderner Kunst – wie auch *der Skandal*, weil dieser die fehlende Wirksamkeit alibisiert. An letzterem zeigt sich die pubertäre Kunstauffassung des *gelernten* Österreichers ganz unverstellt, als eine *im Grunde* geistlose Dummheit und aus dem Ungelebten und dem bloßen Vorstellen entsprungene Vulgarität, die hier nur Erwähnung findet, weil sie dem österreichischen Künstler, als *gelerntem* Österreicher, zur Selbstverständlichkeit geworden ist. Im künstlerischen Selbstverständnis des *gelernten* Österreichers gibt es nur *den Markt* – und den Erfolg – oder das behagliche Unverstandensein in den Elfenbeintürmen der Kunsteliten. Das sind nicht die Türme, die Joyce, Rilke oder Hölderlin noch bewohnt haben, sondern *Künstlerkoben*, die über die *Kulturinstitute* als Container in die ganze Welt verschifft werden. Dieser *Export*, den man auch als Erfolg bezeichnen könnte, ist dem *gelernten* Österreicher genehm, weil er im Inland wie im Ausland folgenlos bleibt.

Es ist ein Erfolg – getreu seinem Motto: *Dabeisein ist alles.*

*

Soweit es die Dichter betrifft, H. C. Artmann, Thomas Bernhard, Ernst Jandl, Konrad Bayer, sind diese Innovationsköpfe weitgehend monolithische Erscheinungen geblieben, die in Österreich keine Nachfolge gefunden haben.

In der erzählenden Prosa gab es zahllose Versuche, eine eigenständige österreichische Literatur, die nicht mit der Tradition brach, über *Inhalte* zu etablieren, durch Beschreibung der „realen Verhältnisse". Hier war die Gegnerschaft zum *gelernten* Österreicher unvermeidlich. Doch es war die Gegnerschaft zum *gelernten* Österreicher *alter Schule*. Dem „neuen" *gelernten* Österreicher waren diese Bücher willkommene Schützenhilfe, um seine

Modernisierungsmission voranzutreiben. Einmal als Argumente vernutzt, verstauben sie heute wirkungslos in den Bibliotheken und Archiven. Sie sind *Zeitdokumente* und schon wenige Jahre nach ihrem Erscheinen *Geschichte.* Daß es bei diesen Werken, Romanen in der Mehrzahl, aber um Herkunft und Identität ging und die Feststellung der Realität nicht die *Befreiung* im Sinn hatte, sondern die Einbringung der eigenen Wirklichkeit in *die Verhältnisse*, mußte bei dieser Vernutzung durch den „neuen" *gelernten* Österreicher, der das *im Grunde* nicht verstehen konnte, unberücksichtigt bleiben. Es sind *Heimatromane* im ursprünglichsten Sinn, die hier geschaffen wurden. Auch sie sind ohne Nachfolge geblieben und wurden später durch die *Befindlichkeitsprosa* und durch Importe aus aller Welt – etwa aus Lateinamerika – verdrängt. Heute ist der *gelernte* Österreicher in der Postmoderne angekommen. Die Literaturkritiker, als *gelernte* Österreicher der Stunde, lesen nur noch amerikanische Literatur. Und die *am Markt* erfolgreichen österreichischen Romane klingen inzwischen wie Übersetzungen aus dem Amerikanischen. Oder Schwedischen.

*

Jeder Identitätsverlust ist ein Verlust an *eigener* Sprache.

Sprache ist mehr als Sprechen.

Und: Es braucht die Dichter, um sie *lebendig* zu halten.

Sieg

Es ist nicht selbstverständlich, aber verständlich, daß der „neue" *gelernte* Österreicher die Besetzung als *Befreiung* empfindet – nämlich von der *eigenen* Identität und der Last der Herkunft, um die er nicht wissen und der er nicht begegnen will.

Daß auch der Abzug der realen Besatzer vom „alten" wie vom „neuen" *gelernten* Österreicher als *Befreiung* aufgefaßt wird, ist dabei kein Widerspruch: Für den einen wurde dadurch der Weg zur Macht frei, für den anderen ist damit die Basis gegeben, selbst als Besatzer zu agieren. Österreich ist ja, falls das bisher noch nicht klar geworden ist, ein vom *gelernten* Österreicher besetztes Land – *realiter,* soweit es den Staat betrifft, durch die Parteien und Parteisoldaten, *ideologisch* durch die Bedeutungsträger, Propagandisten und *Kulturvermittler,* die zu Überträgern von Fremdüberzeugungen werden, solange diese den *Parteiengeist* nicht gefährden. Somit ist, alles in allem genommen, der *gelernte* Österreicher nicht den Kriegsverlierern zuzurechnen – und das entspricht auch seinem *Selbstbild.*

*

Die Identifizierung mit *den Siegern* ist so lückenlos, daß über Jahrzehnte etwa eine Kritik an den Vereinigten Staaten – das ist die Weltbildamme, auf deren Seite sich der *gelernte* Österreicher schlägt, als es zum Kalten Krieg kommt – einem *Hochverrat* und direktem Angriff gegen das Establishment gleichkommt. Die Abwehr ist irrational, Diskussion nicht möglich – alles Anzeichen dafür, daß die Gegnerschaft nicht nur eine politische ist, sondern daß es sich hiebei um eine Spielart des Religiösen handelt, um einen Staatsglauben und eine Staatsgläubigkeit, einen Demokratiefundamentalismus, dessen Idee von Freiheit nicht auf *freien Menschen* gründet, sondern auf *befreiten* Staatsbürgern – denn das ist die einzige Möglichkeit, um die Idee der Freiheit auf *die Mehrheit* zu übertragen.

„Frei" ist nur der Einzelne und er ist es, weil er sich für diese Freiheit entschieden hat. Und sie lebt. Die *Mehrheit* ist stets eine Mehrheit der Unfreien, die auf die eine oder andere Art bevormundet wird. Ihre Freiheit ist nicht Mündigkeit und nicht Souveränität, sondern Befriedigung ihrer *Vorstellungen* von Freiheit. Diese Vorstellungen aber sind ideologisch geprägt. Deshalb ist die Mehrheit immer *gemacht*.

*

Freiheit, über die Befriedigung der propagierten Vorstellungen von Freiheit hinaus, ist für die Mehrheit dort noch am ehesten garantiert, wo sie von *freien Menschen* regiert wird. Das aber ist im Kollektiv weder der Fall noch das Ziel. Ziel ist eine *funktionierende* Gesellschaft.

Zum anderen: Ein Demokratieverständnis, das *nur* gegen die staatliche Willkür gerichtet ist, gewährt dem

Einzelnen nicht mehr Freiheiten. Es kann auch deshalb gegen die Willkür gerichtet sein, weil durch sie *das Funktionieren* gestört wird. Wie sonst wäre es zu erklären, daß die Zwänge für den Einzelnen und die Regelungen, die ihn betreffen, von Tag zu Tag zunehmen?

Wir, die wir in diesen Demokratien leben, wissen, daß die *freien Wahlen* nur ein Formalakt sind, und es ist deshalb auch Aristoteles recht zu geben, der einer Demokratie, die ihre Führer durch das Los bestimmt, jener, in der sie durch Wahlen ermittelt werden, den Vorzug gab, weil, wie er sagte, letzteres immer zur Bildung von *Oligarchien* führe – zur Herrschaft der Wenigen.

Jeder andere Freiheitsbegriff, der nicht „frei von" meint, fußt auf dem *freien Menschen* – das ist der souveräne, unabhängige Einzelne. Ist er nicht vorhanden, nützt auch die ganze Pressefreiheit nichts. Unser Demokratieglaube ist so vordergründig und heuchlerisch wie der Glaube an das Kreuz und den *Einen Gott*, den die Spanier und Portugiesen in die Neue Welt brachten. Hier ein Einblick in Zusammenhänge, wie sie schon vor knapp hundert Jahren einsehbar waren:

> *In U.S. (United States = Vereinigte Staaten von Nordamerika) ist die Behandlung der Indianer recht eigentümlich. Sie entspricht der merkwürdigen Heuchelei, die das öffentliche Leben Amerikas verpestet. Der freiheitliebende Amerikaner fand es ganz in der Ordnung, die Neger weiter in Sklaverei zu halten, während er durch seine Revolutionen für Freiheit und Unabhängigkeit kämpfte; er fand es*

ganz in der Ordnung, das schwache und unbewaffnete Mexiko anzufallen und ihm weit mehr als die Hälfte seines Landes wegzunehmen; er fand es durchaus mit seinen Gefühlen von Freiheit vereinbar, gegen Spanien Krieg zu führen, mit der Begründung, die unterjochten spanischen Kolonien Kuba, Philippinen, Puerto Rico von dem Joche zu befreien, und als er sie befreit hatte unter seine Oberhochheit zu bringen; er zog in den Krieg 1917 unter der Behauptung, keine Gewinnabsichten zu verfolgen, sondern der Welt Frieden und Demokratie zu bringen, und er kam heraus aus dem Kriege mit dem konfiszierten Vermögen der in Amerika wohnenden Deutschen und Österreicher, mit den schönsten und größten deutschen Schiffen und mit der deutschen Kolonie Samoa; er erlaubt weder Mexiko noch einer der zentralamerikanischen Republiken Gesetze zu schaffen und durchzuführen, die diese Länder im Interesse ihrer Bevölkerung für gut befinden.[22]

*

Glaubenskriege – das sind Kriege, die im Namen der Wahrheit geführt werden, in deren Besitz man sich wähnt – enden nicht mit Sieg oder Niederlage einer der kriegführenden Parteien. Sie haben die Unterwerfung, die Zerstö-

---

22 B. Traven, Land des Frühlings, 1930, Büchergilde Gutenberg, Berlin

rung der Kultur als Identitätsgrundlage, gefolgt von der wirtschaftlichen und kulturellen Abhängigkeit zum Ziel.

So gründet man Kolonien.

Kollaborateure dazu finden sich in jedem Land. Hier ist es der *gelernte* Österreicher, der diese Aufgabe übernommen hat.

Die wirtschaftliche Abhängigkeit von Staaten ist heute abgelöst durch die von Konzernen, deren Interessen von den Regierungen „vertreten“ werden. So stellt sich etwa bei manchen Kriegen die Frage, ob sie nicht *für* Konzerne geführt werden, ähnlich den *Stellvertreterkriegen*, wie sie während des Kalten Krieges für die Großmächte ausgetragen wurden. Doch uns interessiert hier die kulturelle Unterwerfung. Auch hier haben wir es mittlerweile mit Industrien zu tun. Kulturelle Unterwerfung bedeutet, daß der Unterworfene, nach Zerstörung der *eigenen* Kultur, zum *Konsumenten* der Fremdkultur wird.

In Österreich wurde die Kultur als Identitätsgrundlage nicht zerstört, sondern durch Herkunftsverleugnung verhindert und in der Folge durch *Kulturimport* und – damit einhergehend – *Stellvertreterkulturschaffende* verunmöglicht. Der Mangel an Identität zeigt sich als Mangel an *eigener* Sprache in den Künsten wie im Alltag und wird sichtbar am kulturellen Bedeutungsverlust in der Welt. Das betrifft auch Deutschland, das hier nicht unser Thema ist, doch ist es eine Tatsache, daß heute der zeitgenössischen Kultur aus den deutschsprachigen Ländern, mit deren Pflege wir so intensiv betraut sind, weltweit, weder im Film noch in der Literatur, weder in der Musik noch in der Baukunst, weder im Tanz noch in der Philosophie, mehr als eine marginale Rolle zukommt.

*

Vor diesem Hintergrund bekommt die sogenannte „Fremdenfeindlichkeit“ ein anderes Gesicht. Der *gelernte* Österreicher, der mit der Verunmöglichung von Kultur *Identität* verhindert und darauf sein ganzes Selbstverständnis baut, wird durch jedes Vorkommen *lebendiger* Kultur, besonders im *eigenen Land*, in Frage gestellt.

Er fürchtet nicht die *Identitätsübernahme* – denn er hat ja keine Identität, die er verlieren könnte –, sondern den Verlust seines „Identitätsersatzes“, für den er sich entschieden hat. Da hiervon, in den meisten Fällen, seine Existenz abhängt, sieht er sich durch jede *lebendige* Kultur im eigenen Land in seiner Existenz bedroht. *Das Fremde*, das ihn am anderen stört, ist *das Eigene*, gegen das er sich entschieden hat und das Voraussetzung für jede Kultur ist. Der *Ausländer* ist willkommen, solange er sich anpasst – nicht, weil er dann „keine Schwierigkeiten macht“, sondern weil die Anpassung das Mittel der Durchsetzung des *gelernten* Österreichers ist.

Das verbindet.

Nachspiel

In einer Verdrängungskultur wird das Verdrängen kultiviert. Dazu zählt auch, daß die *tatsächlichen Verhältnisse* und die *tatsächlichen Mißstände* unartikuliert bleiben und daß, *wenn* sie artikuliert werden, dies zur *Unzeit* geschieht – was bedeutet, daß auch *die Aufarbeitung* und *die Bereinigung* in den Dienst der Verdrängung gestellt werden.

Diese Verdrängungsmechanik geschieht nicht bewußt, sondern im Reflex, um einerseits dem Bereinigungstrieb zu genügen, der auf die Dauer durch Kriminalromane und Tatortfilme – also durch Konsum – nicht zu befriedigen ist, und andererseits, um die Anpassung an die „geänderten Verhältnisse" zu gewährleisten, um „mit der Zeit zu gehen".

Hierzu ein Beispiel: Als der *gelernte* Österreicher, beinahe ein halbes Jahrhundert nach Kriegsende[23], damit begann, seine NS-Vergangenheit aufzuarbeiten, geschah dies exakt zu dem Zeitpunkt, als sich die österreichischen Verhältnisse der kleingeistigen Parteiendiktatur und Geschichtsverdrängung, im Zusammenhang mit dem sich vorbereitenden EU-Beitritt[24] und der Bildung eines gemeinsamen europäischen Marktes, als *unhaltbar* abzeichneten. – Gewiß: Auch diese „Aufarbeitung zur Unzeit" hat noch

---

23 Am 8. Juli 1991 hat der damalige sozialdemokratische Bundeskanzler Franz Vranitzky im Namen der Bundesregierung eine Erklärung abgegeben, in der erstmals anerkannt wurde, daß die österreichischen Nazi-Täter nicht aufgehört haben, Österreicher zu sein, nur weil sie ihre Verbrechen zum Großteil in deutscher Uniform verübt hatten.

24 1995 trat Österreich der Europäischen Union bei.

ihr Gutes. So wurden „die Opfer des Nationalsozialismus", die Ermordeten, Vertriebenen und die ehemaligen Zwangsarbeiter mit ihren Entschädigungsforderungen nicht länger an Deutschland verwiesen, Restitutionsforderungen geprüft und Entschädigungszahlungen bewilligt. Das ging nicht ohne Schwierigkeiten und nicht ohne öffentliche Diskussionen, aber wo es gelang, war es zumindest für Einzelne „gut" – obwohl es im Gesamten gesehen, nach all der Zeit und dem bisherigen Umgang damit, nicht mehr als eine Geste sein konnte. „Wiedergutmachung" sieht anders aus. Und ein Staat, der sich ein halbes Jahrhundert damit Zeit läßt und dann nur widerwillig und unter größten Widerständen dazu bereit ist, hat eigentlich mehr als deutlich gemacht, daß ihm an der Gerechtigkeit nicht gelegen ist. Warum also diese Geste? Was wird durch sie kaschiert? Warum dieses „Opfer"? – Weil es ein Bauernopfer ist.

Denn was in diesem Zusammenhang nicht „aufgearbeitet" wurde, war die Vergangenheit der politischen Parteien, die jene NS-Täter geschont und in ihre Reihen aufgenommen hatten. Das eben, was man nach dem Krieg unter „Integrationspolitik" verstand. Dazu zählen niedergeschlagene Anklagen gegen NS-Verbrecher, skandalöse Freisprüche[25] und die Duldung ehemaliger Waffen-SS-

---

[25] 1972 wurden die zwei Erbauer der Auschwitzer Krematorien, Fritz Ertl und Walter Dejaco, und 1975 Johann Gogl, einst Schlächter in Mauthausen, von einem österreichischen Geschworenengericht freigesprochen. Was das bedeutet, mag man der Anklageschrift entnehmen, siehe: http://www.mauthausen-memorial.at.
In Mauthausen:
– Ermordung von Angehörigen eines aus alliierten Fallschirmspringern gebildeten Steineträgerkommandos am 6.9.1944

und NSDAP-Mitglieder in leitenden Positionen in der Politik und den Staatsbetrieben.

Hilfreich erwies sich auch der Wahlerfolg einer bisher „liberalen" Partei, die sich, unter neuer Führung, nicht

---

auf der Strecke Steinbruch – Wiener Graben – Todesstiege – Carrachoweg

- Ermordung von Angehörigen der Widerstandsgruppe „Welser Gruppe" am 18. 9. und 19. 9. 1944 (Gogl hetzte Hunde auf die Häftlinge und trieb sie so aus der Lagerumzäunung, woraufhin diese erschossen wurden; zudem wurden Häftlinge über den Abgrund des Steinbruchs getrieben.)
- Ermordung zahlreicher Häftlinge durch Erschlagen und Erschießen
- Erschießung eines sterbenden Häftlings durch Abgabe von 3 Kopfschüssen.

In Ebensee:

- Ermordung des Häftlings Leon S. gemeinsam mit dem Kapo Max K. in der Nacht von 16. auf 17. 11. 1944 durch Erhängen
- Ermordung des Häftlings Hermann K. in der Nacht von 16. auf 17. 11. 1944 durch Versetzen mehrerer Dolchstiche in die Brust
- Ermordung eines russischen Häftlings durch Erschlagen mit einer Flasche auf Block 12 im Frühjahr 1945.

Die Wahrsprüche der Geschworenen:
Am 4. 5. 1972 wird Gogl von einem Linzer Geschworenengericht von allen Anklagepunkten mit 8:0 Stimmen freigesprochen [...] Nach einer Nichtigkeitsbeschwerde der Staatsanwaltschaft hob am 15. 6. 1973 der Oberste Gerichtshof dieses Urteil auf und verwies das Verfahren an das Wiener Straflandesgericht.
Über 3 Jahre später wurde der Prozeß gegen Gogl in Wien erneut aufgerollt. Aber auch hier fällten die acht Geschworenen am 2. 12. 1975 einen skandalösen (in den Hauptfragen einstimmigen) Freispruch.
Das Verfahren gegen Gogl wurde unter den Geschäftszahlen LG Linz 18 Vr 485/64 und LG Wien 20 Vr 3625/75 geführt. Die Akten werden im Landesgericht für Strafsachen Wien aufbewahrt.
Dieser Freispruch war das letzte Urteil wegen eines NS-Verbrechens in Österreich.

scheute, mit rechtsextremem Gedankengut auf Stimmenfang zu gehen und mit Parolen provozierte, die ganz bewußt der Naziideologie und -propaganda entlehnt waren. An ihr konnte man exemplarisch die eigenen Versäumnisse abarbeiten, ohne in die Verlegenheit zu kommen, sich seiner Vergangenheit zu stellen und sich zu diesen Versäumnissen zu bekennen.

Das ist natürlich keine wirkliche Veränderung, sondern nur die notwendige Anpassung des *gelernten* Österreichers an die „geänderten Verhältnisse".

Ein Kostümwechsel, mehr nicht.

Verlängerung

Die Kultivierung der Verdrängung wird durch den Proporz, die Besetzung des Landes mit Parteisoldaten, garantiert. Die Unterordnung unter das parteipolitische Kalkül führt in allen Bereichen dazu, daß die Fähigen und Qualifizierten entweder das Land verlassen oder sich mit Positionen zufriedengeben müssen, die ihren Fähigkeiten nicht entsprechen. Oft genug werden sie dabei zu Zulieferern der Minderfähigen und Unqualifizierten, die ihnen „vorgesetzt" sind. Der Schaden, der dem Land dadurch entsteht, ist groß. Der Kompetenzverlust kann eine Zeitlang durch Importe kompensiert werden, was zu neuen Abhängigkeiten führt, aber auf Dauer keine Lösung darstellt. Unabhängiges Denken, unabhängige Wirtschaft und unabhängige Forschung brauchen andere Voraussetzungen, weshalb ein Staat auch gut beraten ist, dieser Unabhängigkeit Raum zu geben. Der *gelernte* Österreicher, als Parteisoldat, kann dieses Land nur verwalten und indem er es *nur* verwaltet, richtet er es zugrunde. Aber er richtet es nie ganz zugrunde, sondern immer nur *beinahe* – der *gelernte* Österreicher reagiert auf den durch ihn verursachten drohenden Kollaps und Stillstand, wie er es immer getan hat:

Er nimmt eine *neue* Überzeugung an.

Er wird zum *neuen* Österreicher. Wird ihm dieser *neue* Österreicher geglaubt, stehen ihm wieder Ressourcen zur Verfügung, die er verbrauchen kann. Diese Ressourcen finden sich unter den Jungen, den „Unverbrauchten", aber auch unter jenen, die ihm bisher Widerstand geleistet haben – also etwa jenen, die jahrzehntelang für eine Aufarbeitung der NS-Vergangenheit und für Wiedergutmachung gekämpft haben. Das ist insofern fatal, weil sie zwar endlich bekommen, wofür sie gekämpft haben, andererseits aber zu Mithelfern an der „Nicht-Aufarbeitung" der NS-Vergangenheit der Parteien werden. Komplizen, wenn man so will. Wird dem *gelernten* Österreicher sein Anliegen, mit dem er sich als *neuer* Österreicher präsentiert, geglaubt, wird er zum Verbündeten – auch im Angriff und in der Abwehr des „neuen Feindbildes", das man sich gefunden hat. Er ist jeden Verdachts enthoben und seine Herkunft kein Thema mehr.

*

Das bisher Gesagte macht deutlich, daß die *Grundsatzlosigkeit* des *gelernten* Österreichers noch tiefer reicht und noch *grundsätzlicher* ist, als es *auf den ersten Blick* scheint.

Wird in Österreich später der Rückbau des Proporzes als *Befreiung* aus einem verkrusteten System annonciert, so ist es wieder der *gelernte* Österreicher, der ihn begrüßt, als Politiker Evaluierungsmaßnahmen einleitet, Kommissionen bildet, Quotenregelungen einführt, Ausschüsse einberuft, Standards definiert. Eifrig, eifrig. Und es ist der *gelernte* Österreicher als Journalist, der jetzt den Nepotismus aufdeckt, den *Parteienfilz* kritisiert, sich entrüstet und seine Unabhängigkeit demonstriert. Es sind dieselben Gesichter, es sind dieselben Künstler und Intellektuellen, die zu Wiesenthal[26] geschwiegen haben, die plötzlich bei der *Causa Waldheim*[27] ihr Gewissen entdecken, ihre Verantwortung wahrnehmen, den zivilen Ungehorsam propagieren – als Speerspitze des *gelernten* Österreichers, der erkannt hat, daß sein bisheriges System der Verdrängung überfällig ist. Er kann die Zeichen der Zeit auch an den *internationalen* Reaktionen ablesen, die durch die Debatte verursacht werden. – Solche Beispiele der Mutation des *gelernten* Österreichers zum *neuen*

---

[26] Siehe: Anhang S. 175, „Der Kreisky-Peter-Wiesenthal-Konflikt"

[27] 1986 wurde dem österreichischen Präsidentschaftskandidaten, ehemaligen UN-Sekretär und späteren österreichischen Präsidenten vorgeworfen, an Kriegsverbrechen während des Naziregimes beteiligt gewesen zu sein. Das löste eine internationale Debatte aus. Waldheim wurde auf die amerikanische *Watchlist* gesetzt und blieb als Bundespräsident weitgehend isoliert.

Österreicher könnten endlos fortgesetzt werden. Bemerkenswert dabei ist, daß die Wandlung jeweils „von oben" geschieht. Das macht mißtrauisch.

Etwa wenn man sich vergegenwärtigt, daß es während der Zweiten Republik kein kapitales Wirtschaftsverbrechen, keine Schädigung des *Volksvermögens* in Österreich gab, die nicht von den Parteien mitverursacht waren.

Wo solche Verbrechen „aufgedeckt" werden, kann man die *Ausstoßung* beobachten, die aus dem *gelernten* Österreicher wieder einen Einzelnen werden läßt. Der hat dann plötzlich wieder ein *eigenes* Schicksal, eine *eigene* Schuld und darf wieder *Eigen*verantwortung zeigen – und weiß meist gar nicht, wie er dazu gekommen ist. Das sind die Sündenböcke, die in letzter Zeit wieder häufiger zu sehen sind. Sie dienen der Ablenkung, aber ihr vermehrtes Auftreten ist auch ein Anzeichen dafür, daß eine grundsätzliche Infragestellung der Parteiendemokratie auf lange Sicht unumgänglich ist.

Allerdings ist zu befürchten, daß sie wieder zur Unzeit kommen wird, um andere Mißstände zu verdecken.

*

Bisher haben wir folgende Wandlungen des *gelernten* Österreichers zum *neuen* Österreicher erlebt:

- Nach dem Anschluß: Zum Deutschösterreicher.
- Nach dem Krieg: Zum Parteiösterreicher.
- Ende der sechziger, Anfang der siebziger Jahre: Zum *modernen* Österreicher (Modernisierung).

– Anfang der neunziger Jahre: Zum *liberalen* Österreicher (Liberalisierung).

Es gibt genügend Anzeichen, daß ein weiterer Wandel unmittelbar bevorsteht.

Die politischen (Alt-)Parteien haben ihre Arbeit getan. Der *gelernte* Österreicher wird ihrer in Zukunft nicht mehr bedürfen. Jahrzehnte der *absoluten* Herrschaft haben im ganzen Land Spuren hinterlassen. Man weiß jetzt, *wie der Hase läuft*. In der Wirtschaft, in den Medien, in der Kultur und in der Politik. In den Schulen und im Gesundheitswesen. Bei der Polizei und an den Universitäten. Die Unterrichtung ist beendet. *Die Mehrheit* gebildet. Der *Parteiengeist* verinnerlicht. Die Parteiung institutionalisiert.

Die Verdrängungskultur als offizielle Kultur und Lebensart in Österreich *etabliert*.

Alternativen

> You are a person who is high class –
> You are a person not in my class.
>
> *Frank Zappa, Cocaine Decisions*

Abhängigkeiten

Die *Causa Waldheim* war für den *gelernten* Österreicher nur ein weiterer Anlaßfall, sich als *anderer Österreicher* zu etablieren. Doch sollte es nochmals ein Jahrzehnt dauern, ehe der „ganz neue" *gelernte* Österreicher überall im Land die Bühnen betritt und sich im Widerstand übt – freilich gegen einen Feind, der in der Minderzahl ist, aber immerhin, es ist ein Repräsentativfeind, ein Feindbild, an dem man sich und das Verdrängte abarbeiten kann, ohne daß deshalb mit Repressalien zu rechnen wäre – im Gegenteil. Die harm- und zahnlosen Intellektuellen, Dichter und Künstler, die längst in der Anpassung verschwunden waren und mit der Parteiendemokratie ihren Frieden gemacht hatten, sowie *die Ahnungslosen*, das sind Schüler und Studenten, deren *kritisches Potential* zur Nachstellung der Widerstandshaltung verbraucht wird, werden zu den Überträgern der Überzeugung des „ganz neuen Österreichers", der vor allem ein „guter" Österreicher ist. Der *Feindbildwandel* ist in den neunziger Jahren, nach dem Zusammenbruch der sozialistischen Staaten in Europa, getragen von dem Gefühl des Triumphes und der Überlegenheit der eigenen demokratischen Weltanschauung – und des Systems, dem man sich verschrieben, aber das man nie gewählt hat.

Jetzt wird Demokratiefundamentalismus zum offiziellen Dogma, durch das „Gut“ von „Böse“ unterschieden wird. Der *gute* Österreicher wie der *gute* Engländer, Franzose oder Amerikaner zeichnet sich durch seinen Sinn für Gerechtigkeit aus, wobei unter Gerechtigkeit die Durchsetzung des eigenen demokratischen Systems in allen Teilen der Welt verstanden wird.

Das hat viele Vorteile, unter anderem auch jenen, daß wir die ungelösten Probleme, die wir seit Jahrhunderten in unseren „Demokratien“ mit uns herumschleppen, *exportieren* können. Jene Länder, in die wir unsere Probleme exportieren, können diese natürlich auch nicht lösen, aber sie können sie *mittragen,* und wir können an dem Ruin, dem Zusammenbruch ihrer Systeme und Kulturen parasitieren – eine Ökonomie, die sich nicht nur wirtschaftlich, durch die „neuen Märkte“, rechnet, sondern auch *katastrophisch.* Die größten Katastrophen, die heute durch das technisch-wissenschaftliche Kollektiv verursacht werden, ereignen sich nicht in den *Kernländern* des Kollektivs, sondern in den Provinzen, die es sich unterworfen hat. Es kann hier von *Stellvertreterkatastrophen* gesprochen werden.

Der Bedarf an ihnen ist etwa gleich groß wie der Bedarf an Erdöl.

*

Der Verweis auf die internationalen Zusammenhänge ist angebracht, weil der *gelernte* Österreicher ja nur *eine* Spielart des identitätslosen Menschen ist.

Daß der identitätslose Mensch heute in *allen* Ländern an den Schalthebeln der Macht sitzt, ist kein Zufall: Fällt „das Eigene" als Ort der Sammlung, der Ressource und des Antriebes aus, ist man auf andere – äußere – Ressourcen, Stimuli und Wahlheimaten angewiesen, die man zumeist in der Vorstellung und der Gesinnung, die man mit anderen teilt, findet. Und man braucht sie „zum Leben" – weil man kein „eigenes Leben" hat.

Niemand ist deshalb mehr an Macht und am Machterhalt interessiert als der identitätslose Mensch. Sie garantieren ihm „ein Leben", auch wenn er kein „eigenes" hat. Sie garantieren ihm, daß sein Leben *funktioniert*.

Diese Kombination von Macht und Abhängigkeit macht ihn so gefährlich. Denn jeder, der, und alles, was sein „funktionierendes Leben" stört, ist ihm eine Bedrohung. Und er nützt seine Macht, um alles, was sein Leben am Funktionieren stören könnte, unschädlich und unwirksam zu machen. Das betrifft Menschen so gut wie Weltbilder, Wirklichkeiten so gut wie Kulturen – alles, was noch nicht identitätslos oder ursprungslos ist, was noch „eigenes Leben" besitzt oder daraus hervorgegangen ist.

Deshalb kann man sagen: Der Feind des identitätslosen Menschen ist das Leben. Das Leben in seiner Vielfalt und Wandlungsfähigkeit ist ihm eine Bedrohung, wo er es sich noch nicht unterworfen hat. Dieses Leben ist nicht dazu da, ihm sein „funktionierendes Leben“ zu ermöglichen, es hat eigene Zwecke, Aufgaben und Bestimmungen zu erfüllen.

Es braucht ihn nicht.

Deshalb hat er dieses System erdacht, aus dem er nicht mehr *wegzudenken* ist. Für das er, in seiner Skrupellosigkeit, mit seinem Machtwillen, seiner Rücksichtslosigkeit und Empfindungsarmut *unabdingbar* ist. Um dieses System zu erhalten, nehmen wir alle Schädigungen in Kauf: Krankmachende Nahrung, vergiftetes Wasser, verpestete Luft usw., usf. – Wir tun es, damit das System funktioniert. Wir haben uns mit *dem Übel* als notwendigem Teil unseres Lebens, das wir wählen dürfen, abgefunden und beruhigen uns damit, daß es „nur das kleinere Übel ist“. Aber dieses System – es ist das System des identitätslosen Menschen: Wir brauchen es nicht. Sowenig wie das Leben den identitätslosen Menschen braucht.

Im Gegenteil: Der identitätslose Mensch braucht das Leben, um „ein Leben zu haben“.

Österreich braucht den *gelernten* Österreicher nicht. Alles, wovon wir sprechen, wenn von Österreich die Rede ist, Kunst, Kultur, Politik, Unabhängigkeit, Pressefreiheit, Bildung usw., usf., alles, was uns wichtig und wert ist, ist erst ohne den *gelernten* Österreicher *wirklich* da und nicht nur als Teil der Kompensation seiner Identitätslosigkeit *vorhanden*.

*

Will man sich aus dem Würgegriff der Identitätslosen befreien, wird man sich zuerst aus ihrem System herausdenken müssen. Die Voraussetzung dafür, daß man sich herausdenken *kann*, ist ein „eigenes" Leben – oder was uns davon noch geblieben ist.

Zeit also, darüber zu sprechen, wo und ob ein solches Leben überhaupt noch möglich ist.

Scheinbarer Widerstand

So ist aus dem *besseren* Österreicher, der er nach dem Krieg war, ein *guter* Österreicher geworden. Das ist für den *gelernten* Österreicher kein Rückschritt. *Gut* ist er geworden, weil sich die Anpassung, für die er sich entschieden, als erfolgreich erwiesen hat. Er ist *dabei*. Er hat auf das richtige Pferd gesetzt. Er ist auf der Seite *der Sieger*. Jetzt kann er auch Widerstand leisten. Und er leistet ihn dort, wo er „damals" keinen Widerstand geleistet hat, wo ihn die Anpassung in den Ruin und auf die Seite der *Verlierer* geführt hat, sodaß er gezwungen war – und auch heute noch gezwungen ist –, um sein Anpassungsideal zu behaupten, jede Erinnerung daran, daß es „damals" einen Widerstand gegeben hat, aus dem öffentlichen Bewußtsein zu tilgen.

Die Widerstandsanmaßung des *gelernten* Österreichers ist nur ein weiterer Vorstellungsinhalt, den er sich leistet, auf Kosten der *tatsächlichen* Widerständigen, heute wie damals, der *anderen* Österreicher und der *Anders-Denkenden* in diesem Land. Und damit die Wiederholung paßt, hat er sich ausgerechnet ein halbes Jahrhundert nach Weltkriegsende „die Nazis" zum *Feindbild* auserkoren. Die Bedrohung durch sie scheint so groß, daß man jeder Äußerung, jeder verdächtigen Bemerkung, jeder Nähe zu nationalsozialistischem Gedankengut mit einer Entschiedenheit entgegentritt, als gelte es *heute,* den Nationalsozialismus zu verhindern. Ist diese Gefahr gegeben? – Nein. Es bestehen weder wirtschaftlich noch politisch noch organisatorisch die Voraussetzungen dafür.

Ein Beleg dafür ist auch, daß der Widerstand dagegen völlig gefahrlos geworden ist. Freilich, das *Denken*, das hinter den Parolen und Schlagworten stand und damals ungehemmt zur Anwendung kam, ist von diesem Widerstand nicht betroffen. Es ist etabliert. So wurde etwa die Medizin nicht, wie weitverbreitet angenommen, von den Nazis instrumentalisiert, sondern sie machte sich, wie alle modernen Wissenschaften – und wie auch der *gelernte* Österreicher – die Handlungsspielräume zunutze, die ihnen durch das Regime geboten wurden. Viele der damals auf furchtbarste und menschenerniedrigendste Art gewonnenen „wissenschaftlichen Erkenntnisse" wurden zu Grundlagen der heutigen Medizin. Soweit es mich betrifft, kann ich nicht nur auf einen solchen „Erkenntnisgewinn" verzichten, sondern auch auf eine Wissenschaft, die sich auf diese Art und Weise „Erkenntnisse" verschaffen *kann.*

Es ist uns heute ganz selbstverständlich geworden, daß es *Opfer der Wissenschaft* gibt. Und diese Selbstverständlichkeit ist mir unheimlich. Ich frage mich, ob es dieselbe Selbstverständlichkeit ist, mit der man früher die *Opfer der Religion* hinnahm. Und da wir im Kollektiv leben, müssen wir *im Grunde* von einer *Opferindustrie* sprechen, die von Wissenschaft und Technik verursacht wird. Es nimmt dem Holocaust nichts von seinem Schrecken, wenn wir anmerken, daß er in diesem Ausmaß erst durch die moderne Technik und Wissenschaft möglich war. Hier nur auf das Regime zu verweisen, lenkt von den wahren Problemen ab. Ja, mehr noch: Es verdeckt das Problem und prolongiert es. Die Erben und Nachfolger Josef Mengeles stehen nicht im Sold der Nazis – aus dem einzigen Grund, weil es das Nazireich nicht mehr gibt. Es hat sie vorher gegeben[28] und es wird sie nachher geben. Sie dienen heute anderen Herren, sie forschen im Auftrag der Industrie, der Konzerne. Wer sich heute als „Nazijäger" etablieren will, tut dies, weil es opportun ist. Es ist der beste Beweis dafür, daß er auch „damals" opportun gehandelt hätte.

---

[28] In den dreißiger Jahren, noch vor Machtübernahme der Nationalsozialisten, gab es in Deutschland mehr als zwanzig „Rassenhygieneinstitute". Die „Gesellschaft für Rassenhygiene" wurde bereits 1905 von dem Mediziner Alfred Ploetz in Berlin gegründet.

Wenn wir in Österreich von *Alternativen* sprechen, so muß man leider sagen, daß es – im Öffentlichen – keine gibt. Um nur ein Beispiel zu nennen: Es gab in Österreich sehr lange ein – natürlich unter parteipolitischer Oberhoheit geführtes – Fernseh- und Rundfunkmonopol, das der Einzelne, sofern er es in Anspruch nahm – das heißt, einen Fernseher besaß –, durch Zwangsgebühren finanzieren mußte. Erst am 1. August 2001 trat das Privatfernsehgesetz in Kraft, das *einen* bundesweiten Fernsehsender und *drei* regionale Fernsehprogramme in Wien, Linz und Salzburg zuließ.[29]

Es versteht sich von selbst, daß dieser Staatsrundfunk keine Alternative – zu wem? zu sich selbst? – darstellen kann und doch ist es so, daß der größte österreichische *Alternativradiosender* für Jugendkultur von dort aus betrieben wird. Und diese *Alternative* wird auch geglaubt. Daß dadurch jede *wirkliche Alternative* – schon durch die Höhe und den Umfang der verwendeten Mittel – von vornherein chancenlos ist und im besten Fall eine marginale, sprich regionale Existenz führen kann, scheint niemanden *der Alternativen* zu stören. Würde man diese *Alternativen* als *Establishment* ansprechen, das sie ja sind, wären sie entrüstet und würden darauf verweisen, daß sie Alternative-Musik, Alternative-Kultur, Alternative-Philo-

---

[29] Diese Öffnung geschah Jahre nach der Kasachstans oder Albaniens, die nicht eben für ihre Meinungsfreiheit bekannt sind, wie einige Journalisten spöttisch anmerkten.

sophie verbreiten, kurz: Sie würden auf ihr *Alternativprogramm* verweisen. Es ist aber nur konsequent, daß sie Stellvertreter dessen werden, was sie verdrängen und durch ihre Dominanz verunmöglichen. Auch hat ihre *Alternativanmaßung* – wie die *Widerstandsanmaßung* – Vorbildwirkung: Sie fördert und ermutigt eine Alternativkultur, die sich aus Stellvertretern und Imitaten zusammensetzt.

Daß diese Alternativen, die nachgeahmt werden, aus Kulturen hervorgegangen sind, aus Lebensstilen und Lebensformen – aus gelebtem, *eigenem Leben* – und nicht aus der Vermittlung durch das Establishment und durch ein „Medium des Establishments", wie es in Österreich der Fall ist, stört nicht weiter. Gelehrt wird ja die *Identitätsanmaßung* und wo dies gelingt – und in Österreich ist ein Großteil der sogenannten Jugendkultur im Mainstream wie in der Alternativkultur davon geprägt –, ist es zum *gelernten* Österreicher nur mehr ein kleiner Schritt. Bemerkenswerterweise ist der Slogan dieses Staatsrundfunkjugendsenders *You are at home, baby* – das will der *gelernte* Österreicher hören, wenn er schon *alternativ* ist. Er ist nicht *on the road*, er ist *nicht* ausgesetzt, nein, er ist *zu Hause*, im österreichischen Staatsrundfunk, auch wenn er ein *anderer* Österreicher ist.

Die Ahnungslosigkeit der sogenannten Alternativen oder *Alternativkultur* in Österreich ist erschreckend. Sie wissen nicht, in welchen Diensten sie stehen und sie *wollen es nicht wissen*. Sie wissen um ihre Grenzen, wissen, wovon sie schweigen müssen, um *auf Linie* zu sein. Dazu gibt es die *Feindbilder*, die Bösen, über die man sprechen kann – und dazu zählt auch der sogenannte *Mainstream*, der sie finanziert.

*

Natürlich fangen sich auch immer wieder nicht *gelernte* Österreicher in diesen Netzen. Der Gradmesser ihrer Ahnungslosigkeit ist die Distanz, die sie zum *Establishment* wahren. Diese Ausnahmen gibt es, aber sie sind selten.

*

Zwei Argumente sind es, die man vom *gelernten* Österreicher, wo er sich für den *anderen* Österreicher ausgibt, oft hört und durch die er sein „Dabeisein" legitimiert:

1. Er tut es, um das System „von innen heraus zu verändern" – was schwierig sein dürfte, wenn man selbst das System ist. Und:
2. „Es gäbe sonst gar nichts" – oder: „Besser das, als gar nichts." Worin sich ausspricht, woran der *gelernte* Österreicher glaubt, nämlich, daß sich *im Grunde* nichts ändert. Doch wie schon bemerkt: Auch das kleinere Übel ist nur ein Übel und nichts anderes.

*

Wo sich das Establishment für die Alternative hält, wird es unangreifbar. Jede Kritik *von außen* wird unmöglich – sie bleibt entweder ungehört oder der Kritisierende wird in die Nähe des *Feindbildes* gerückt. In diesem Fall: Der „Rechten" oder des Mainstreams.

Das Fehlen *wirklicher* Alternativen ist der Grund dafür, daß es in Österreich kein „Korrektiv der Macht" gibt.

*

Zu den *scheinbaren Alternativen* in diesem Land, wie in allen Industrieländern, gehören auch die sogenannten *Grünen*. Sie sind das Alibi der Industrie. Soweit es den *gelernten* Österreicher betrifft, so ist ihm als Grüner *die Landschaft* zur Natur und Umwelt verkommen und der Mensch zur *Gegend*. Die Erfolge seines Kampfes gegen Industrien und Konzerne sind lobenswert, aber sie sind vergleichsweise gering gegenüber den Gesetzen und Bestimmungen, die durch ihn *gegen* den Einzelnen durchgesetzt wurden. Die Maßnahmen zum Umweltschutz, die der Einzelne zu erfüllen hat, kommen heute in vielen Punkten einer Entmündigung gleich. Inzwischen gibt es auch schon eine eigene Müllpolizei, die Abfalleimer durchwühlt und kontrolliert, ob der Abfall ordnungsgemäß „getrennt" entsorgt wird. Daß der Einzelne bestraft wird, wenn er zu Hause nicht drei Abfalleimer aufstellt, ist vergleichsweise lachhaft, bedenkt man, daß nur knapp drei Prozent des gesamten Mülls aus Privathaushalten stammen.

Beispiele dieser Art gibt es zuhauf. Die Entwicklung, die sie aufzeigen, ist bedenklich. Sie scheint in kleinen

Schritten auszuloten, wieviel Bevormundung und Entmündigung dem Einzelnen durch den Staat zuzumuten ist. Für den *gelernten* Österreicher stellen die *Grünen* jedenfalls keine Bedrohung dar.

Im Gegenteil.

Widerstand und Alternative

Nach dem bisher Gesagten ist klar, daß *wirkliche* Alternativen und *wirklicher* Widerstand nur möglich sind, wenn sie im Zusammenhang mit der Identität stehen, dem „eigenen Leben", in ihm gründen oder von ihm ausgehen. *Scheinbare* Alternativen und *scheinbaren* Widerstand erkennt man daran, daß sie sich immer auf eine „Idee" zurückführen lassen. Oder besser noch: Eine Vorstellung. Die Vorstellung von Gerechtigkeit, Gleichheit, Emanzipation, Moralität usw., usf. – also eine „Vorstellung vom Leben".

Genauer: Eine Vorstellung vom Leben, „wie es sein sollte".

Erhellend dabei ist auch, daß diese Vorstellungen *für die anderen* gedacht sind und meist mit der Wirklichkeit des eigenen Lebens wenig oder gar nichts zu tun haben.

Um „das Eigene" zu schützen oder zu verteidigen, brauche ich aber keine Vorstellung. Es ist dann „mein Leben", meine Art zu *sein*, die ich schütze und verteidige. Und Widerstand ist dann nichts anderes, als der Versuch, mich, in meiner *Unverwechselbarkeit*, mit meinen Talenten und Fähigkeiten, in meiner „Eigenart" und in meinem „Eigensein“ zu erhalten, wo diese in ihrer Entfaltung bedroht sind.[30]

*

Über die Vorstellung kann man „alles“ sein, so wie, als Formalakt, auch „jeder“ Österreicher sein kann. An die Stelle des Formalaktes tritt dann, frei von jeder Geschlechtlichkeit, das „onanistische Prinzip“. Alles unterwirft, fügt sich der Vorstellung – das „befriedigt“ und man kann beruhigt einschlafen …

Der Maßstab, ob etwas nur unserem Vorstellen entspringt oder unseren tatsächlichen Talenten und Fähigkeiten, dem, „was wir tatsächlich sind“, ist das Leben – aber nur, wo wir es auch als Korrektiv zulassen. Je weniger eine Vorstellung dem „Eigenen“ entspricht, desto mehr muß ich mich gegen einen korrigierenden Eingriff durch das Leben absichern. Das ist dann „die Macht“, die der *gelernte* Österreicher als Identitätsloser braucht, um sich in seiner Vorstellung zu halten. Das sind die Gesinnungsgemeinschaften, die Parteien, die Seilschaften, die Propaganda, das ist die Kontrolle der Öffentlichkeit, die ihn einerseits in seiner Identitätsanmaßung – als Künstler, als Politiker, als Journalist – bestätigen soll, andererseits aber, um jeden, der wirklich ein Künstler, Politiker, Journalist usw., usf. ist, abzuwehren und „draußen zu halten“ – denn er würde schon durch dessen bloßes Vorhandensein

---

30 „Eigensein“ bedeutet in Bezug auf den Mainstream und die Mehrheit „anders-sein“.

in seiner Anmaßung gestört. Seine Anmaßung und Unfähigkeit wären, im Vergleich, offensichtlich. Deshalb muß er jede Möglichkeit des Vergleiches verunmöglichen.

*

Qualität, und höchste Qualität, kann nur dort erreicht werden, wo einer im „Eigenen" bleibt und das tut, was seinen Talenten und Fähigkeiten entspricht. Gewiß, das ist „ungerecht", doch nicht so, wie es der *gelernte* Österreicher meint, wenn er, als Talentloser und Unfähiger von Ungerechtigkeit spricht. Er empfindet seine Talentlosigkeit als Mangel, weil sie nicht seiner Vorstellung von sich entspricht. Das müßte kein Problem sein, sind doch die Fähigkeiten und Talente unterschiedlich verteilt, und so einer mehr Talent hat als der andere, wird es auch dem weniger Talentierten darin zugute kommen, sich „in dem, was er ist" zu vervollkommnen. Es wird aber dort zu einem Problem, wo ich etwas sein will, was ich nicht bin. Dann stört mich die Fähigkeit des anderen. Verbünde ich mich mit anderen Unfähigen, um den Fähigen den Zutritt zur Gegenwart zu verstellen, um sie schon in frühester Jugend durch Erziehung und Schulung zu verhindern, dann werde ich selbst als Fähiger gelten, als „qualifiziert" und werde zum Maßstab. Das klingt kompliziert, ist aber in der Praxis leicht zu überprüfen anhand des Niveauverlustes und der sinkenden Qualität.

Um zu erinnern, „was möglich ist" – in der Literatur, in der Staatskunst, im Journalismus –, braucht es dann oft Vergleiche und Referenzen, die weit zurück in der Vergangenheit liegen.

Es gibt eine Gewöhnung an die Qualitätslosigkeit. An die schlechte Luft. Das schlechte Theater. Die schlechten Bücher. Die Schmierenkomödien der Politik.

Und man nimmt sie hin, weil man „es nicht anders kennt".

*

Der Erfolg des *gelernten* Österreichers in seiner Anmaßung sowie die Durchsetzung des Qualitätsverlustes sind nicht allein durch Propaganda und Ausschluß der Fähigen möglich. Es bedarf dazu immer der Schützenhilfe der Fähigen, Qualifizierten – sei es, daß sie das Unfähige und Qualitätslose propagieren oder daß sie dazu schweigen. Wo sie es propagieren, sind ihre Beweggründe meist niedriger Natur. Eitelkeit, Anbiederung, Macht, existentielle Vorteile, Statusgewinn. Wo sie dazu schweigen, geschieht es oft aus Angst und mangelnder Souveränität. In beiden Fällen zahlen sie ihren Preis, sie werden „nützliche Idioten", die zu guter Letzt selbst entsorgt werden, weil sie zu der Qualitätslosigkeit, die sie propagiert und die zu etablieren sie mitgeholfen haben, selbst nicht fähig sind. Es fehlt ihnen, bei allen Charaktermängeln, auch die Kaltschnäuzigkeit der Talentlosen, sodaß, wie heute allerorts zu beobachten ist, diesen Leuten allmählich angst und bange wird vor der Qualitätslosigkeit, der sie das Wort geredet haben. Sie sind es heute, die vor allen anderen den Qualitätsverlust bedauern – ohne ihn allerdings, auch in seiner Herkunft, kenntlich zu machen. Kritik, etwa in der Literatur, an einem Buch, das ein Verkaufserfolg ist und als literarisches, dichterisches Werk *gilt*, ohne eines zu sein, ist unerwünscht, und sie wird auch nicht geäußert. Dabei wäre nichts gegen den Erfolg eines Buches einzuwenden – aber eben als das, was es wirklich ist, und in den meisten Fällen handelt es sich dabei um klassische Unterhaltungsliteratur. Ein literarisches, dichterisches Werk hat andere Kriterien, was besagt, daß seine Qualitäten in einem anderen Bereich liegen, als dem des schnellen Verkaufserfolges. Darum muß es nicht unverständlich sein. Darum muß es sich nicht schlecht verkaufen. Es gibt aber heute kaum noch Verleger oder Rezensenten, die diese Qualität zu würdigen wissen. Selbst in den renommiertesten Literaturverlagen werden heute Bücher, die nur der Unterhaltungsliteratur zuzurechnen sind, als Literatur verkauft. Dieser Etikettenschwindel geht zu Lasten der Qualität und der Dichter. Und zuletzt des Lesers, der diese Bücher auch als Literatur besprochen und sich dann bei der Lektüre in seinen Erwartungen getäuscht sieht. Das erschüttert nicht zuletzt die Glaubwürdigkeit des Feuilletons, das heute als Bewertungsmaßstab kaum noch ernstgenommen wird. Schlug sich noch vor zwanzig Jahren eine positive Besprechung etwa in der FAZ mit dem unmittelbaren Verkauf von ein paar hundert oder gar tausend Exemplaren zu Buche, sind es heute vielleicht zehn. Insgesamt scheint diese Entwicklung auf den deutschen Sprachraum beschränkt zu sein und man sieht ihre Auswirkungen auch daran, daß die deutschsprachige Literatur weltweit zur völligen Bedeutungslosigkeit herabgesunken ist. Das Bedürfnis des Lesers nach Literatur ist dennoch ungebrochen und er behilft sich meist mit Werken von fremdsprachigen Autoren. Der Qualitätsverlust ist allerdings „gemacht", und es gibt kaum einen Rezensenten oder Verleger im Literaturbetrieb, der ihn nicht beklagt – während er ihn befördert.

Dies nur als Beispiel aus *einem* Bereich. Man könnte hier auch die journalistische Berichterstattung, den sogenannten kritischen oder investigativen Journalismus anführen, der in Österreich inexistent ist. Wo es doch zur Kritik kommt, ist sie nie unabhängig, sondern stets vom Parteiengeist geprägt und seinen Zwecken untergeordnet – oder harmlos. Auch dies führt im letzten zu einem Mangel an Glaubwürdigkeit und einem Vertrauensverlust der Leser. Der Vertrauensverlust ist in allen Bereichen spürbar, wo Unabhängigkeit und ein „Korrektiv zur Macht" gefordert wären. Das geht an die Substanz. Das Problem des „Scheinbaren" ist, daß es nicht von langer Dauer ist.

Und keinen Wert hat, über den Tageswert hinaus.

Ausgenommen man hält die Schädigung, die es noch für zukünftige Generationen bedeutet, für einen Wert.

Somit ist es Aufgabe der „Fähigen", schon um sich selbst zu erhalten, den Identitätslosen, die Anmaßung und den Etikettenschwindel – mit einem Wort: Den *gelernten*

Österreicher in allen seinen Erscheinungsformen kenntlich zu machen. Und: Sich von ihm zu distanzieren.

Und zu begreifen: Wo er sich arrangiert, geht es auf Kosten aller.

*

Gern fordert ja der „Fähige", wenn er sich arrangiert hat, den „mündigen Bürger" ein. Das ist dann der Einzelne, der dort aktiv werden soll, wo die Qualifizierten, die er gewählt hat oder die ihn vertreten, versagen. Er soll sich informieren, um kritisch zu sein, mitgestalten, sich verweigern, Einsprüche erheben, „ungehorsam" sein – warum? Weil die Verbände und Institutionen, die „unabhängige Presse" und alle anderen Einrichtungen, die er finanziert, sich dieser Pflicht entschlagen. Hinzu kommt, daß, neben der lügenhaften Propaganda, die von überallher auf ihn eindröhnt, die Verhältnisse so kompliziert sind, daß der „mündige Bürger" überhaupt nicht in der Lage ist, hier eine „mündige" Entscheidung zu treffen. Die einzige Möglichkeit, eine Veränderung von „unten" herbeizuführen, ist die der wirtschaftlichen Unzufriedenheit. Hier, wie wir aus der Geschichte wissen, droht aber auch die größte Gefahr.

Statt also den einzelnen Staatsbürger „in die Pflicht zu nehmen", der ohnehin genug damit zu tun hat, sich seine Existenz zu sichern und den *gelernten* Österreicher zu erhalten, braucht es den „Mut der Wenigen", um den *gelernten* Österreicher in seine Schranken zu weisen: In der Politik, in der Kultur, in der Wirtschaft, in der Öffentlichkeit usw., usf.

Auch die Fähigkeit zu artikulieren, die Fähigkeit zu benennen, die Fähigkeit, in größeren Zusammenhängen zu denken oder für das Gemeinwohl zu sorgen, sind Fähigkeiten, die Menschen „eignen". Gewiß: Für diese Eignung einzustehen, ist heute kein einfacher Schritt. Die Entmutigung ist weit vorangetrieben, der *gelernte* Österreicher scheinbar allmächtig – scheinbar, denn er kann nur dort wirken, wo man ihm seine Identitätsanmaßung und das Lügengebäude, das er dazu errichtet hat, „glaubt". Er kann, wie ein Vampir oder der Teufel, nur ins Haus kommen, wenn wir ihn hereinbitten. Aber egal, was er vorbringt, wir brauchen den *gelernten* Österreicher nicht. Wo immer er sich festgesetzt hat, wo immer er sich eingenistet hat – wir brauchen ihn nicht, um in diesem Österreich zu leben. Wir brauchen „seine" Kultur nicht, wir brauchen seine Parteien nicht. Wir können auf seine Unfähigkeit, die dem Land und der Bevölkerung großen Schaden zugefügt hat, in allen Bereichen verzichten.

Dieser „Mut der Wenigen": Es ist der Mut des Einzelnen, der auf „das Eigene" und damit auf seine Identität besteht.

*

Die einzige wirkliche Alternative zum *gelernten* Österreicher, in all seinen Erscheinungsformen, ist der *andere* Österreicher. Zu seinem Wesen gehört, daß er gar nicht

Teil des Establishments sein will. Das setzt nur der *gelernte* Österreicher voraus, der „nichts anderes" sein will.

Der *gelernte* Österreicher weiß nicht, daß *Andersartigkeit* und die daraus entstehende Infragestellung des Etablierten auch Ausdruck der Vielfalt sein kann, daß *Freiheit* auch bedeuten kann, diese Vielfalt zu gewährleisten, sie zu *leben*. Für ihn ist die Freiheit – die Freiheit des Wortes, die Freiheit der Kunst usw., usf. – immer Zwecken untergeordnet. Für ihn ist sie ein *Mittel*, nicht Manifestation und Ausdruck einer Andersartigkeit. Das zielt im letzten auf die Identität. Die Identitäten des *gelernten* Österreichers sind geborgt. Er ist ein Scharlatan *im Grunde*. Ständig in der Angst, seiner Identitätsmasken beraubt zu werden. Dann stünde er vor dem Nichts, dem er sein Leben lang zugearbeitet hat. Seine Angst ist *kreatürlich*. Und so ist es seine Abwehr. Sie macht uns das Leben eng. Die Realität, die er uns bestimmt, die Gegenwart, die er uns besetzt, schaffen einen Raum, in dem wir nicht gerne leben. Der Zwang ist dort allgegenwärtig und daß er *auf den ersten Blick* nicht als Zwang erkennbar ist, macht die Sache nur schlimmer.

Und doch: Alternativen, wirkliche Alternativen gibt es überall, wo sie gelebt werden. Es gibt sie auch in Österreich. Sie werden „gegen" den *gelernten* Österreicher gelebt, nicht weil das ihr Zweck wäre, sondern weil es gar nicht anders möglich ist. Der Widerstand, der aus ihnen hervorgeht, ist eine Art Notwehr und er bleibt für die Öffentlichkeit meist ohne Folgen. Die Alternative sucht das Öffentliche nicht und auch nicht „die Macht". Sie will nicht regieren, weil sie sich in dem Selbstverständnis eines „gelebten Lebens“ genügt. Wir alle kennen Menschen, die solche Alternativen sind. Und wir wissen: Sie zahlen einen hohen Preis, um ihre Unabhängigkeit zu bewahren. Sie brauchen die Geschenke des *gelernten* Österreichers nicht. Sie sind nicht verführbar. Sie bleiben, auch unter größten Opfern, „im Eigenen“.

In ihnen und durch sie ist die österreichische Identität lebendig.

Und wo wir uns „für das Eigene“ und damit gegen den *gelernten* Österreicher entscheiden, ist sie es auch in uns.

Anhang

Ein Beispiel

Der Kreisky-Peter-Wiesenthal-Konflikt ist vielen bekannt und er wird hier aus zwei Gründen nacherzählt:

- *Weil er ein Beispiel dafür ist, welche Gefahr, ja Lebensgefahr, vom gelernten Österreicher für den Einzelnen, der stets der andere Österreicher ist, (immer noch) ausgeht, gleichgültig, welcher Überzeugung der gelernte Österreicher sich gerade verschrieben hat – ob er Demokrat, Nazi, Sozialist, Grüner oder Konservativer ist. An seiner Ideologie, an seinem Weltbild wird man ihn nicht erkennen.*
- *Weil viele, die sich heute vom gelernten Österreicher in seiner Widerstandsanmaßung verbrauchen lassen, dies nur tun, weil ihnen der Referenzrahmen fehlt. Sie sind nicht „erinnerungslos", sondern haben tatsächlich nie von diesem Konflikt wie auch von anderen Hintergründen, aus denen der gelernte Österreicher gekommen ist, erfahren.*

Diese Ahnungslosigkeit ist nicht zufällig, sondern sie wird vom gelernten Österreicher propagiert. Es ist mit eine Aufgabe dieses Buches, Referenzen und Bezüge zu ermöglichen, die einerseits den Widerstandsgeist stärken, den Einzelnen in seinem Eigensein ermutigen und ihm andererseits ein Wissen in die Hand zu geben, das ihm hilft, sich nicht vom gelernten Österreicher für seine Zwecke verbrauchen zu lassen. Die Kenntnis des Kreisky-Peter-Wiesenthal-Konfliktes ist dabei von entscheidender Bedeutung. Nicht, weil er einzigartig, sondern weil er exemplarisch ist.

Kreisky – Wiesenthal

Bruno Kreisky war von 1970 bis 1983 Bundeskanzler von Österreich. Unter seine Regierungszeit fallen viele Reformen und Modernisierungsmaßnahmen, an denen Österreich Nachholbedarf hatte, aber er hat auch die fehlende Auseinandersetzung mit der NS-Vergangenheit zu verantworten.

Bruno Kreisky wurde zur Ikone der Modernisierer und *Befreier* in diesem Land und prägte es mehr noch durch seine Persönlichkeit als durch seine Politik. Wer die Segnungen des Wohlfahrtsstaates noch erlebt hat, wird anders darüber denken, als jene, die später den Preis dafür gezahlt und die „Einschnitte" seines Rückbaues erfahren haben. Wie groß die Dankbarkeit war, zeigen zwei im *profil* veröffentlichte Huldigungsartikel bekannter österreichischer Autoren, worin Kreisky als *Sonnenkönig* bezeichnet wurde – was, seltsam genug, als Kompliment gedacht war –, und was Thomas Bernhard zu einem Gegenartikel veranlaßte, in dem er richtigstellte, daß Bruno Kreisky allemal ein *Höhensonnenkönig* sei. Ironie scheint immer noch das beste Mittel, um Distanz zu schaffen und Verhältnisse klarzustellen, wenn eine grundsätzliche Artikulation vom Establishment nicht erwünscht ist. Kreisky war der Patriarch der österreichischen Parteiendemokratie, die väterlich-menschliche Maske, die dem Parteienunwesen des *gelernten* Österreichers vorstand. Er war im tiefsten Wesen *konsensgläubig*. Das schließt dort, wo es um Konsens geht, die Entschiedenheit nicht aus. Die Konsensgläubigkeit ist seinen frühesten Erfahrungen als sozialdemokratischer Aktivist um 1934 geschuldet. Und es ist letztlich die traumatische Erfahrung des Bürgerkrieges, die für den *gelernten* Österreicher zur treibenden Kraft wird, die ihn sein Sicherheitssystem der Parteiendemokratie in österreichischer Einzigartigkeit etablieren läßt. Kreisky tritt im Alter von sechzehn Jahren der sozialistischen Arbeiterjugend (SAJ) bei, wird 1935 unter dem autoritären Schuschnigg-Regime verhaftet und für eineinhalb Jahre ins Gefängnis gesteckt. Unter den Nazis wurde er im März 1938 erneut inhaftiert, von der Gestapo verhört und gezwungen, das Land zu verlassen. Er ging nach Schweden, von wo er 1951 nach Österreich zurückkehrte und seine Karriere als Berater des Präsidenten Theodor Körner begann. Er hat die traumatischen Erfahrungen des Krieges oder der Todeslager, wie sie Simon Wiesenthal durchgemacht hat, nicht erlebt. Das ist kein Vorwurf und keine Kritik – es ist nur eine andere Ausgangslage.

Und: Sie ist für die österreichische Identität entscheidend.

*

Auch Simon Wiesenthal ist eine Persönlichkeit. Doch ist er ein Einzelner. Und er ist es, weil es ihm „um die Sache geht" – und zwar nicht jeweils um eine andere. Das ist eine Treue, die der Partei- und Parteikarrieremensch nicht kennt, denn er muß immer Rücksichten nehmen, unterschiedlichste Interessen wahren, abwägen, taktieren, Zugeständnisse machen, um sich politisch durchzusetzen und das bedeutet: Den eigenen Vorteil, die eigene Existenz über den Machterhalt der Partei zu garantieren.

Am deutlichsten tritt dieser Unterschied vielleicht in der *Causa Waldheim* zutage. Damals wurde dem österreichischen Präsidentschaftskandidaten, ehemaligen UN-Sekretär und späteren österreichischen Präsidenten vorgeworfen, an Kriegsverbrechen während des Naziregimes beteiligt gewesen zu sein. Das löste eine internationale Debatte aus. Waldheim wurde auf die amerikanische *Watchlist* gesetzt und blieb als Bundespräsident weitgehend isoliert. Simon Wiesenthal, der in der ganzen Welt bekannte „Nazijäger", der die Sühnung der NS-Verbrechen zu *seiner Sache* gemacht hat wie kein zweiter, schließt sich dieser „Vorverurteilung“ nicht an, sondern verweigert sich ihr mit dem Hinweis, man könne einen Menschen nicht zuerst verurteilen und dann damit beginnen, nach Beweisen zu suchen. Das ist eine Redlichkeit und Prinzipientreue, die dem *gelernten* Österreicher *im Grunde* fremd ist.[31]

Bereits als Zwölfjähriger entging Simon Wiesenthal in seinem Geburtsort Buczacz, nahe Lemberg gelegen, bei einem Überfall der Kosaken nur knapp dem Tod. Er wurde aufgrund der Quotenbeschränkung als jüdischer Student nicht für das Polytechnische Institut in Lemberg zugelassen und ging deshalb nach Prag, um dort Architektur zu studieren und eröffnete später in Lemberg ein Architekturbüro. Nach Unterzeichnung des Nichtangriffspaktes zwischen Hitler und Stalin fällt Lemberg den Russen zu. Wiesenthal darf nicht mehr als Architekt arbeiten, sein Stiefvater wird eingesperrt, enteignet und stirbt an den Folgen der Haft. Beim Einmarsch der Deutschen im Jahr 1941 wird Wiesenthal verhaftet, kann aber fliehen und entgeht so nur knapp der Erschießung. Er wird zur Zwangsarbeit verpflichtet, seine Familie wird ins Lemberger Ghetto umgesiedelt. Seine Mutter stirbt unter ungeklärten Umständen bei der Deportation ins Konzentrationslager. Durch seine Zusammenarbeit mit der

31 Auf Wunsch Waldheims und von Wiesenthal angeregt, wird 1988 von der österreichischen Regierung eine internationale Historikerkommission eingesetzt, die zu dem Schluß kommt, daß keine persönliche schuldhafte Beteiligung Waldheims vorliegt. Seine Verteidigung, er habe „von nichts gewußt“, eine Behauptung, wie sie in Deutschland und Österreich nach dem Krieg üblich war, erweist sich jedoch als unhaltbar. Aus diesem Grund – wegen unwahrer Behauptungen – fordert Wiesenthal Waldheim, nach Bekanntwerden der Untersuchungsergebnisse, zum Rücktritt auf.

polnischen Widerstandsorganisation gelingt es ihm, mit Hilfe eines gefälschten Passes, seine Frau vor der Deportation zu retten. Sie wird später zur Zwangsarbeit nach Deutschland verschleppt, bleibt aber unerkannt und kann überleben.

Simon Wiesenthal wird in das Konzentrationslager Janowska gebracht, wo er wieder unter kuriosen Umständen der Erschießung entgeht.

> *Als er im „Schlauch", einem zwei Meter breiten Gang, zwischen zwei Stacheldrahtzäunen, mit anderen Häftlingen auf seine Erschießung wartet, wird er buchstäblich in letzter Minute vom Werksleiter gerettet, der ihn zum Malen eines Spruchbandes für Hitlers bevorstehenden Geburtstag benötigt.*[32]

Wenige Monate später flieht er und schließt sich den jüdischen Partisanen an, wird neuerlich von der Gestapo verhaftet und in das Lager Lackie-Wielkie gebracht. Dort begeht er einen Selbstmordversuch, wird in das Konzentrationslager Plaszow deportiert und einem Arbeitskommando zugeteilt, das mit der Beseitigung der Spuren der Massenvernichtung beauftragt ist. Die Leichen müssen aus den Massengräbern geborgen und verbrannt werden. Das Vorrücken der russischen Truppen führt zur Auflassung des Lagers. Die Häftlinge werden nach Auschwitz, Groß-Rosen, Buchenwald und schließlich nach Mauthausen transportiert, wo die Überlebenden am 5. Mai 1945 von den amerikanischen Truppen befreit wurden.

Simon Wiesenthal ist sechsunddreißig Jahre alt.

Niemand hätte es Simon Wiesenthal verdenken können, wenn er, wie seine Gegner oft behaupteten, nach diesen Er-

---

32 www.simon-wiesenthal-archiv.at

fahrungen, von Rache- und Vergeltungsgelüsten getrieben, zum Nazijäger geworden wäre. Umso höher ist es ihm anzurechnen, daß er stets auf der Rechtsstaatlichkeit bestanden hat und sich, wie in der *Causa Waldheim*, gegen Vorverurteilungen, auch durch den *World Jewish Congress,* aussprach.[33] Eine simple Beobachtung ist es, die ihm seine zukünftige Lebensaufgabe offenbart: Der Anblick von SS-Männern in Handschellen, die in Mauthausen in einem Büro von ehemaligen Häftlingen und Amerikanern verhört werden.

> *Und auf einmal öffnete sich für mich etwas, daß ich mir sagte … Och, das ist der Zipfel der Gerechtigkeit. Und ich habe mir gedacht: Kann ich noch hier bleiben, nehmt mich auf, ich kann noch helfen. Ich hab ihnen leid getan. Da kommt einer, jeden Tag, halbtot und sagt, er will was machen. Sie sagten: Du weißt soviel … schreib auf!*

Er schreibt. Eine solche Liste hatte es bisher noch nie gegeben. Sie benennt 91 Nazikriegsverbrecher. Nicht nur Namen und Rang der Gewalttäter sind darin aufgeführt, sondern auch besondere Daten und Beschreibungen ihrer Verbrechen. Fortan ist Wiesenthals Leben der Ausforschung von NS-Verbrechern gewidmet, aber auch dem Sammeln von Daten, über Opfer, Täter, Geschehnisse. Eine Buchhaltung des Grauens. Wiesenthals Erfolge als Nazijäger – der aufsehenerregendste Fall war wohl die Ausforschung Adolf Eichmanns – machen ihn in der ganzen Welt bekannt. Er selbst, wurde er gefragt, bezeichnete sich als *Kriminalist* oder *Rechercheur.* Dieses Leben, diese Leistung eines *Einzelnen*, stand in Österreich von Anfang an im schärfsten Gegensatz zur Identitätsverdrängung des *gelernten* Österreichers. Sie widersprach

---

33 „Mein Grundsatz war immer: Zuerst Wahrheit. Dann Gerechtigkeit." Simon Wiesenthal

auch dem Diktum und der Tatsache, daß man in diesem Land nur durch *die Partei* und *das Parteibuch* etwas werden konnte. Die Achtung und Anerkennung, die ihm seine Arbeit – auch und besonders im Ausland – einbrachten, waren *gegen* die offizielle Parteilinie errungen. Er war ein *erfolgreicher* Österreicher, aber kein *gelernter,* und so konnte es nicht ausbleiben, daß es zwischen ihm und dem *gelernten* Österreicher zum Konflikt kam, in dessen Verlauf der *gelernte* Österreicher auch ganz unverblümt – und öffentlich – in Frage stellte, ob denn dieser Simon Wiesenthal überhaupt ein Österreicher sei.

Der Kreisky-Peter-Wiesenthal-Konflikt

Der Konflikt schwelte lange, ehe er 1975 zum Ausbruch kam. Bereits 1970 machte Wiesenthal publik, daß vier der elf Regierungsmitglieder von Kreiskys Minderheitenregierung ehemalige NSDAP-Mitglieder waren. Kreisky verteidigte seine Minister und behielt sie im Amt. Nur einer, dem seine SS-Mitgliedschaft nachgewiesen wurde, mußte nach einem Monat gehen und wurde durch einen anderen ersetzt, der „nur" NSDAP-Mitglied gewesen war. Die sozialdemokratische Partei, und Bruno Kreisky im besonderen, war damals um „die Integration der ehemaligen Nationalsozialisten" bemüht – zum Zwecke des eigenen Machterhaltes natürlich. Das ist *gelebte* österreichische Integrationspolitik. Und eine gelungene noch dazu.

1975: Vor den Nationalratswahlen übergibt Wiesenthal ein Dossier an den Bundespräsidenten Rudolf Kirchschläger, in dem er nachweist, daß der Parteiobmann der FPÖ, Friedrich Peter – von Kreisky als möglicher Vizekanzler nach der Wahl vorgesehen – der 1. SS-Infanterie-Brigade angehört hatte, einer Einheit der Waffen-SS, die hinter der Ostfront Massenmorde an Zivilisten begangen hatte.

Wiesenthal verspricht, das Dossier bis nach der Wahl zurückzuhalten. Vier Tage später, die SPÖ errang die absolute Mehrheit, Friedrich Peter war als Abgeordneter zum Nationalrat gewählt worden und eine Koalition hinfällig, informierte Simon Wiesenthal die Öffentlichkeit von seinen Recherchen.

Friedrich Peter zieht sich nicht nur mit dem Standardsatz „Er habe als Soldat nur seine Pflicht getan" aus der Affäre (seine politische Karriere bleibt auch tatsächlich davon unbeschadet), sondern er spricht auch ganz offen aus, was der *gelernte* Österreicher von Simon Wiesenthals Tätigkeit hält:

> *„Diese Privatjustiz und Privatpolizeimethode des Herrn Wiesenthal bedarf endlich der Anprangerung, weil dies Zustände sind, die mit einem demokratischen Rechtsstaat unvereinbar sind."*

Der Satz wird verständlicher, wenn man weiß, was der *gelernte* Österreicher unter einem demokratischen Rechtsstaat versteht.

Auch Bruno Kreisky, der alte / neue Bundeskanzler, äußert sich ähnlich:

> *„Das ist eine Mafia, die hier am Werk ist. Ich halte es für unverantwortlich, im höchsten Maße unverantwortlich, daß jemand derart gravierende Beschuldigungen in die Welt setzen kann."*

In der Folge greift Kreisky Wiesenthal direkt und persönlich an, bezeichnenderweise dort, wo der eigentliche Grund des Konfliktes zwischen dem *gelernten* Österreicher und dem *anderen* Österreicher liegt: In der Frage der Identität. Und der Herkunft. – Doch ist das mit der Direktheit in Österreich so eine Sache. Kreisky, der dafür berühmt war, seine Antworten mit dem Satz „Ich bin der Meinung“ einzuleiten, liefert ein Schulbeispiel dafür, wie der Österreicher es versteht, die größten Ungeheuerlichkeiten mit einer ganz selbstverständlichen Brutalität auszusprechen, weil er *ja nur meint*. Anläßlich einer Pressekonferenz, bei der sich Kreisky in Andeutungen darüber ergeht, wie es Wiesenthal wohl geschafft hätte, den Krieg zu überleben, will es ein Fernsehreporter genau wissen:

> *„Wollen Sie Wiesenthal eigentlich wirklich der Gestapo-Kollaboration beschuldigen?“*
> *„Nein, ich habe gesagt, MEINE Beziehung zur Gestapo war jedenfalls eine sehr EINdeutige … Ich war ihr Gefangener … Und wurde von ihr verhört. Und was also Herrn Wiesenthal betrifft, so ist sicherlich es SEINE Sache, wie er sein Leben rettet.“*[34]

Später bezweifelt Kreisky öffentlich die Rechtmäßigkeit von Wiesenthals Architekten-Diplom und stellt in den Raum, daß es bei der Erlangung von dessen Staatsbürgerschaft wohl nicht mit rechten Dingen zugegangen sein könnte. Wenig überraschend fordert daraufhin einige Tage später die „Kronen Zeitung“, Österreichs auflagenstärkste Boulevardzeitung, Wiesenthals *Ausbürgerung*.

Die Mehrheit der Österreicher teilte Kreiskys *Meinung*. Einer Umfrage zufolge fanden 83 Prozent der Österreicher Bruno Kreisky „sei im Recht“. Gerade drei Prozent waren auf Wiesenthals Seite. Die Intellektuellen, die Kulturträger und Künstler des Landes schwiegen. Wer anderer Meinung war und dies auch kundtat, wie etwa der Journalist und

---

[34] Die Großschreibung verweist auf die Betonung Kreiskys.

ehemalige Mitarbeiter Wiesenthals, Peter Michael Lingens, der Kreiskys Vorgehen als *ungeheuerlich, unmoralisch und opportunistisch* bezeichnet hatte, wurde vom Kanzler verklagt.[35] Es war ein Kesseltreiben und die Mittel, die dabei eingesetzt wurden, die der Verhetzung, der Rufschädigung, des Gerüchtes, altbewährt. Es gab keinen Beweis, daß Wiesenthal die Unwahrheit gesagt hätte, und alle Anschuldigungen gegen ihn erwiesen sich später als haltlos. Doch verfehlten sie ihre Wirkung nicht: Wiesenthal schlug von überall blanker Haß entgegen. Das Gebäude, in dem sich sein Büro befand, wurde von Nazi-Symphatisanten angegriffen, Fensterscheiben wurden eingeworfen. Es gab Bombendrohungen. Verängstigte Bewohner baten Wiesenthal auszuziehen. Er zog mit seinem Büro ein paar Straßen weiter. Seine Frau hatte mehrere Nervenzusammenbrüche. Telefonische Morddrohungen und Drohbriefe waren an der Tagesordnung. Gingen die Wiesenthals spazieren, wurden sie auf offener Straße angespuckt, beschimpft und angepöbelt. 1982 explodierte eine Bombe vor Wiesenthals Haus, das danach unter Polizeischutz gestellt wurde.

*

Kreisky hat sich nie bei Simon Wiesenthal entschuldigt. Als er seinen Vorwurf 1980 wiederholte, klagte Simon Wiesenthal, und Kreisky wurde wegen übler Nachrede zu einer

---

35 Lingens wurde in erster und zweiter Instanz gerichtlich verurteilt. 1986 wurde dieses Urteil vom Europäischen Gerichtshof für Menschenrechte einstimmig als Verletzung von Art. 10 Europäische Menschenrechtskonvention (Freiheit der Meinungsäußerung) festgestellt und Lingens eine „gerechte Genugtuung“ von über 280.000 Schilling, zahlbar von der Republik Österreich, zugesprochen.

Geldstrafe von 270.000 Schilling verurteilt, die er allerdings nie bezahlte, weil er vorher verstarb.

Der damalige SPÖ-Klubobmann Heinz Fischer forderte einen Untersuchungsausschuß gegen Wiesenthal, der jedoch nie eingesetzt wurde.

Als Bundespräsident zeichnete Fischer Wiesenthal 2005 mit dem Großen Goldenen Ehrenzeichen für Verdienste um die Republik Österreich aus.

Warum ein Idiotikon?

Unter einem *Idiotikon* verstand man früher ein Wörterbuch der sprachlichen Eigentümlichkeiten eines Landes oder einer Region. Der Ausdruck ist heute veraltet, aber doch passend für ein Buch, das die österreichische Identität zum Thema hat, auch weil in ihm das Wort *Idiot* anklingt. Ein Idiot, im Sinn des griechischen Wortes, war ein Nicht-Dazugehöriger, einer, der „im Eigenen" blieb und nicht in öffentlichen Diensten stand. Das war durchaus wertfrei gemeint. Die Abwertung des Wortes begann bei den Römern, die es als Lehnwort übernahmen und damit Pfuscher, Stümper und Laien bezeichneten. Aus dem „unwissenden" wurde der „ungebildete" Mensch, „der Mann aus dem Volk", und schließlich fand das Wort auch als *Idiotie* Eingang in die wissenschaftliche Nomenklatur, aus der es heute vollständig verschwunden ist. Dieser Bedeutungswandel wirft auch ein Licht auf die Gesellschaft und den Wandel der Werte, der nie abgeschlossen ist, und in diesem Fall auf das Verhältnis des Einzelnen zur Öffentlichkeit. Auch für unsere Zeit. So prägte etwa Lenin den Begriff des „nützlichen Idioten". Der nützliche Idiot ist sowohl Opfer ideologischer Manipulation als auch Täter. Das gilt heute für den Einzelnen, der über seine Bedürfnisse und seinen Konsum dazu gezwungen ist, an der Schädigung mitzuwirken[36] ebenso wie für die Verursacher, die selbst unter diesen Schädigungen zu leiden haben[37].

---

[36] Und sei es letztlich über die Steuern, die er zahlt.

[37] Ein einfaches Beispiel dafür wäre die Luftverschmutzung.

Auch der Begriff – und nicht nur der Begriff – der Öffentlichkeit ist heute ein anderer als vor zweitausend Jahren. Die Grenzen zwischen Privatem (Eigenem) und Öffentlichem verschwimmen zusehends. Das wird von vielen als Bedrohung aufgefaßt, weshalb die Fragen nach Identität und Identitätsverlust wieder aktuell werden. Leider werden sie „im Öffentlichen" meist von den Falschen gestellt und beantwortet, die von den Ängsten, die mit jedem Identitätsverlust einhergehen, profitieren. Das ist nicht neu, das Schema bleibt dasselbe: Selbsterhöhung durch Diffamierung anderer – die Schaffung von Feindbildern, Ideologien, Parolen und Schlagworten, mit denen sich der Einzelne identifizieren kann. Aber wo das geschieht und wo es geschehen ist, war es immer nur die Folge und das Symptom des Identitätsverlustes. Mit den „deutschen Tugenden" von einst will heute niemand mehr etwas zu tun haben. Gleiches gilt für die Sowjetunion und die meisten „Nationalstaaten".

Auch muß zwischen „Nation" und „nationaler Identität" unterschieden werden. Letztere wird nicht automatisch durch die Geburt zugeteilt, sondern ist an Inhalte und Wertvorstellungen geknüpft, zu denen sich diese Nation bekennt, oder, wie es John F. Kennedy ausgedrückt hat:

> *A nation reveals itself not only by the men it produces but also by the men it honors, the men it remembers.*[38]

Im Idealfall werden diese Wertvorstellungen im Alltag als Kultur gelebt, das heißt: Sie sind aus der *gelebten* Kultur geschöpft. Dabei ist die Vorstellung dem Leben nachgereiht. Bei den Nationalstaaten sehen wir jedoch, daß, von allem Anfang an, die propagierten Wertvorstellungen im tatsächlichen Leben nicht verwirklicht sind, sondern ein Bekenntnis zu den

---

38 Speech at Amherst College, 1963

Werten darstellen, die man leben *will.* Dieser Unterschied ist wesentlich und bereits als Identitätsverlust zu werten, denn er bedeutet, daß Identität durch Vorstellungen, die man teilt, geschaffen wird, nicht durch Lebenskultur, weshalb man im Fall der „nationalen Identität" auch von einer *gebrochenen* Identität sprechen kann. Der Bruch geschieht durch die Vorstellung, wie ein Lichtstrahl, der „gebrochen" wird.

„Nationale Identität" ist nur möglich, wo sie noch Raum zur Unterscheidung (zu anderen Nationen) läßt, das heißt: Dem Eigenen und *der Unverwechselbarkeit* Raum gibt. Das gilt auch „nach innen hin", etwa bei den Vereinigten Staaten von Amerika, wo dieser Raum durch die Unterschiedlichkeit der Bundesstaaten gewährleistet ist. Diese *Unverwechselbarkeit* ist überall auf der Welt im Abnehmen begriffen, Werte und Ziele nähern sich zunehmend an – und zwar in dem Maß, in dem klar wird, daß sie nicht gelebt werden, sondern nur Vorwände sind, die *dem Funktionieren* des Staates nachgeordnet sind. Die „Nation" und die „nationale Identität" erweisen sich in diesen Zusammenhängen als hinderlich und als Ballast, der abgeworfen werden soll, deshalb ist auch allerorts von ihrer Auflösung die Rede. Der Staat, im Idealfall der „Weltstaat" kann nur *funktionieren*, wenn alle Unterschiede (Unverwechselbarkeiten) zwischen den Völkern und Nationen auf ein Minimum nivelliert oder aufgehoben sind. Erst dann ist die *globale Verregelung* möglich. Sie wird in einem ersten Schritt durch Vereinheitlichung und Zentrierung bei gleichzeitiger Entmachtung der nationalen Parlamente vorbereitet[39].

Mittel zur Durchsetzung ist *die Krise.* Sei es die Finanzkrise, die Umweltkrise oder die Klimaerwärmung. Diese wer-

---

[39] Siehe dazu: Michael Ley „Bis es kein Zurück mehr gibt", in: Die Presse, Spectrum, 2.11.2012

den zum Anlaßfall um Regelungen und Regulierungen durchzusetzen, die keinem demokratischen Entscheidungsprozeß mehr unterliegen.

Hier in Europa wie überall.

Denkbar ist aber auch, daß *die Krise* dazu genützt wird, diesen Tendenzen entgegenzuwirken und bereits erreichte Stufen der Zentralisierung wieder rückgängig zu machen. Das zeigt sich zumindest in den Ländern, die von *der Krise* unmittelbar betroffen sind, England, Spanien, Griechenland etwa – hier ist *der Widerstand* von einer anderen Qualität, um nicht zu sagen: Wirklichkeit, als in unseren Breitengraden. Treibende Kraft ist dabei – wenn auch nicht immer auf den ersten Blick erkenntlich – die Identität bzw. der drohende Verlust der „nationalen Identität" und damit einhergehend: Der Souveränität.

Mag die „nationale Identität" auch eine *gebrochene* sein – sie ist immerhin noch eine und in ihr sind alle Qualitäten, die eine *ungebrochene Identität* ausmachen, wie in einem Zerrspiegel enthalten. In einer *global verregelten* Welt ist Identität nicht möglich. In ihr kann der Einzelne nur noch funktionieren. Protagonist dieser verregelten Welt ist der identitätslose Mensch, der sich über die Regeln und Regulierungen an der Macht halten will. Ihm begegnen wir, wenn von den Banken und den internationalen Konzernen die Rede ist; wir finden ihn in den Aufsichtsräten und Gremien, welche die Zentralisierung vorantreiben. Die Menschen, das Volk, das Ziel seiner Regulierungen, finden wir inzwischen im Widerstand gegen ihn auf den Straßen. Das ist, auch als Bild, konsequent, denn Identität und „das Eigene" kann heute nur *gegen* den identitätslosen Menschen und seine Anmaßungen gewonnen werden.

Dazu ist dieses *Idiotikon* ein Beitrag.

Alfred Goubran

lebt in Wien. Zahlreiche Publikationen, zuletzt:
TOR, Erzählung, Klagenfurt 2008;
Ort, Erzählungen, Wien 2010;
AUS., Roman, Wien 2010;
Kleine Landeskunde, Essai, Wien 2011